Tony Ryan, Rodger Walker
Wo gehöre ich hin?

Edition Sozial

Tony Ryan, Rodger Walker

Wo gehöre ich hin?

Biografiearbeit mit Kindern und Jugendlichen

Unter Mitarbeit von Ann Atwell,
Maureen Hitcham, Jean Lovie,
Gerrilyn Smith und Irmela Wiemann

Übersetzung und deutsche Bearbeitung
Birgit Lattschar

4. Auflage 2007

Juventa Verlag Weinheim und München

Informationen zu den Autoren am Ende des Bandes

Titel der englischen Originalausgabe: Life Story Work
© 1993 British Agencies for Adoption and Fostering, London

Bibliografische Information der Deutschen Nationalbibliothek

Die Deutsche Nationalbibliothek verzeichnet diese Publikation in der Deutschen Nationalbibliografie; detaillierte bibliografische Daten sind im Internet über http://dnb.d-nb.de abrufbar.

1. Auflage 1997
2., erweiterte Auflage 2003
3. Auflage 2004
4. Auflage 2007

Das Werk einschließlich aller seiner Teile ist urheberrechtlich geschützt. Jede Verwertung außerhalb der engen Grenzen des Urheberrechtsgesetzes ist ohne Zustimmung des Verlags unzulässig und strafbar. Das gilt insbesondere für Vervielfältigungen, Übersetzungen, Mikroverfilmungen und die Einspeicherung und Verarbeitung in elektronischen Systemen.

© 1997 Beltz Verlag Weinheim, Basel, Berlin
© 2004 Juventa Verlag Weinheim und München
Umschlaggestaltung: Atelier Warminski, 63654 Büdingen
Umschlagabbildung: Kinderzeichnung
Printed in Germany

ISBN 978-3-7799-2031-1

Inhaltsverzeichnis

Vorwort zur 2. Auflage

Nur wer die Vergangenheit kennt, hat eine Zukunft.
Wilhelm von Humboldt

1997 erschien die erste Auflage dieses Buches. Biografiearbeit war bis dahin ein relativ unbekannter Begriff in der (Fach-)Öffentlichkeit.Dies hat sich mittlerweile verändert. In Fortbildungsveranstaltungen zum Thema begegnen mir viele Pflege- und Adoptiveltern sowie pädagogische Fachkräfte, die durch Biografiearbeit die seelische und soziale Entwicklung der ihnen anvertrauten Kinder unterstützen wollen. Viele führen bereits Biografiearbeit durch, ohne sie explizit so zu benennen. Für die Kinder bedeutet dieses Interesse an ihrer Herkunft und Geschichte Wertschätzung, Würdigung und Respekt ihrer ganzen Person. Ich wünsche mir, dass Biografiearbeit weiterhin so große Beachtung erfährt und sich zu einem ganz normalen Bestandteil der Arbeit mit fremdplazierten Kindern entwickelt.

Diese zweite Auflage des Buches wurde um ein Kapitel über Biografiearbeit mit Kindern anderer nationaler und ethnischer Herkunft erweitert. Dieser Teil war in der englischen Originalfassung zwar vorhanden, aber nicht ohne weiteres auf deutsche Verhältnisse übertragbar. Es freut mich, dass mit Frau Wiemann eine Autorin gewonnen wurde, die sich des Themas sachkundig und mit großer Erfahrung angenommen hat.

Ludwigshafen, im Januar 2003 *Birgit Lattschar*

Vorwort zur 1. Auflage

Während eines Urlaubes in Nordirland stieß ich bei einem befreundeten Sozialarbeiter auf das Buch »Making Life Story Books«, die erste englische Ausgabe der vorliegenden Übersetzung von »Life Story Work«. Ich las es mit sehr großem Interesse und fand damit genau das Buch, das ich schon immer für meine Arbeit suchte – eine strukturierte, methodische Anleitung, Kindern bei ihrer Vergangenheitsbewältigung zu helfen.

Zurück in Deutschland setzte ich die Ideen des Buches in meiner Arbeit als Heilpädagogin in einem Kinderheim um und merkte, wie sehr die Kinder davon profitierten. Aber auch wir, die pädagogischen Fachkräfte, bekamen durch die Biografiearbeit einen neuen Zugang zu der oft chaotischen oder verloren gegangenen Vergangenheit der uns anvertrauten Kinder.

Über den deutschen Buchhandel war das Buch für interessierte KollegInnen nicht zu besorgen, weil in England nicht ein Verlag, sondern der Britische Verband für Adoptionen und Pflegschaften der Herausgeber war. Daraufhin entschloss ich mich, das Buch ins Deutsche zu übertragen und so einer breiteren Öffentlichkeit zugänglich zu machen.

Die britischen Verhältnisse sind nicht ohne weiteres auf Deutschland übertragbar. Die Vorgehensweise bei der Unterbringung von Kindern ist eine andere als in Deutschland. Die Kinder werden in der Regel zunächst kurzfristig in einem Heim untergebracht, und es wird dann geprüft, welche langfristige Unterbringung sinnvoll ist. Oft werden auch ältere Kinder in Pflegefamilien untergebracht, oder es werden Adoptiveltern gesucht. Biografiearbeit findet während dieser kurzfristigen Unterbringung oder aber bei den Pflege- oder Adoptiveltern statt und soll dem Kind helfen, mit seiner meist leidvollen Vergangenheit zurechtzukommen und sicher und vertrauensvoll in die Zukunft gehen zu können.

In Deutschland hingegen wird für ein Kind, das fremduntergebracht werden soll, möglichst gleich der Platz gesucht, an dem es bleiben soll. Hier sind es eher die pädagogischen Fachkräfte im Heim oder die Pflegeeltern, die dem Kind beim Umgang mit seinen Erlebnissen helfen. Biografiearbeit ist auch relevant für Adoptiveltern, deren Kind sich irgendwann mit der Tatsache, nicht bei den leiblichen Eltern zu leben, auseinander setzen wird sowie für Mitarbeitende von Krisen- und Schutzeinrichtungen, in denen Kinder vorübergehend unterkommen.

Zugunsten der Übertragbarkeit auf deutsche Verhältnisse habe ich bei der Übersetzung auf das Kapitel über die Arbeit mit farbigen Kindern verzichtet. Es bleibt hinzuzufügen, dass bei der Arbeit mit ausländischen fremduntergebrachten Kindern Sensibilität für andere Nationen und Kulturkreise erforderlich ist und zusätzliche Überlegungen zum Thema kulturelle Identität angestellt werden müssen.

Anmerkungen zu gesetzlichen Aspekten wurden gekürzt oder auf deutsche Verhältnisse übertragen.

Bei der unsäglichen Frage der Verwendung der männlichen oder weiblichen Sprachform habe ich mich zugunsten der Lesbarkeit und der Authentizität schweren Herzens für die männliche Form entschieden. Leserinnen sind selbstverständlich stets mitangesprochen.

Für die Zeichnungen in der deutschen Ausgabe möchte ich den Kindern des heilpädagogischen Kinderheims Weisenheim am Sand sowie meiner Kollegin Lore Barthel danken.

Ludwigshafen, im November 1996 *Birgit Lattschar*

Danksagung

Wir sind nicht die ersten Personen, die Biografiearbeit in der Arbeit mit Kindern anwenden, und wir danken all denen, deren Ideen wir beim Entwickeln unserer Praktiken benutzt haben.

Wir danken auch den Kindern, die für unsere Arbeit zugänglich waren und uns geholfen haben, besser zu verstehen, wie man mit ihnen kommuniziert.

Während der Teamarbeit mit Kollegen und während unserer Schulungstage konnten wir Ideen zur Biografiearbeit austauschen. Mit Bewunderung sahen wir auch, wie andere Biografiearbeit in Hilfebereichen entwickelt haben, mit denen wir nichts zu tun hatten.

Unsere Partnerinnen, Margaret und Joy, haben uns während der Arbeit unterstützt und wir möchten ihnen hiermit danken.

Zum Schluss gilt unser Dank dem Britischen Verband für Adoptionen und Pflegschaften (BAAF) für die Unterstützung und Ermutigung, die wir erhielten.

Tony Ryan und *Rodger Walker*

Einleitung

Seit der ersten Veröffentlichung dieses Buches, 1985, gab es in England bedeutende Entwicklungen in der Sozialarbeit, die Veränderungen in der Praxis und dem Schwerpunkt der Sozialarbeit zur Folge hatten, vor allem in Bezug auf Kinder und Jugendliche.

Der Children Act 1989[1] wie auch Untersuchungen über Kindesmissbrauch fordern pädagogische Fachkräfte heraus, ihre Arbeitsweise und Einstellung der Klientel gegenüber zu hinterfragen. Das Hören auf Kinder und das Respektieren ihrer Sichtweisen und Wünsche ist ein zentraler Bestandteil dieser Entwicklungen – wie es auch zentral für die Biografiearbeit ist.

Der einzige Weg zu der Art von Mitbeteiligung, die sich der Children Act vorstellt, ist die effektive Kommunikation mit Kindern, Jugendlichen und ihren Familien. Für die Kinder, die von ihrer Herkunftsfamilie getrennt sind, ist es entscheidend, ihre Vergangenheit verstehen zu können und die Chance zu haben, eine solide Zukunft aufzubauen.

Die Überprüfung des Adoptionsgesetzes unterstreicht ebenfalls die Relevanz der Biografiearbeit. In Abwägung der Interessen der adoptierten Personen und ihrer leiblichen Eltern wird Offenheit als etwas Kontinuierliches betrachtet, da sich die Bedürfnisse des Kindes nach Kontakt mit seinen leiblichen Eltern über die Jahre hinweg verändern könnten.

Ebenso wird Adoption als lebenslanger Prozess gesehen, nicht als etwas, was eine Wirkung auf nur kurze Zeit hat. Die Zunahme von Adoptionen älterer Kinder stellt die besondere Anforderung

1 Anmerkung der Übersetzerin: Der Children Act 1989, seit 1991 in Kraft, bestimmt die grundlegenden Rechte von Kindern in England. Die Verantwortung der Eltern gegenüber Kindern sowie die Stellung des Staates werden darin definiert sowie Verfahrensweisen beschrieben, wie die Versorgung von Kindern in Not (»children in need«) mit Hilfe der Eltern sicherzustellen ist. Er ist unserem Kinder- und Jugendhilfegesetz vergleichbar.

an Adoptierende, die gesamte Vergangenheit eines Kindes respektvoll anzuerkennen.

Biografiearbeit hat ihren Stellenwert in all diesen Entwicklungen und kann ein geeigneter Weg sein, einem Kind zu helfen. Die Entscheidung, für wen und wie sie hilfreich sein kann, sollte auf Erfahrungen basieren und nach Absprache mit Kollegen getroffen werden.

Biografiearbeit ist eine Arbeitsmethode, kein therapeutisches Modell. Wenn zum Beispiel die Lebensumstände eines Kindes eine Langzeittherapie bei ausgebildeten Therapeuten erfordern, darf Biografiearbeit nicht aus Kostengründen als Ersatz dafür benutzt werden.

Biografiearbeit sollte erst zu dem Zeitpunkt begonnen werden, an dem man die Methode wirklich verstanden hat und sich die Zeit nehmen kann, sie mit dem Kind umzusetzen. Wir schulden es den Kindern, so viel Sorgfalt wie möglich walten zu lassen.

1. Warum Biografiearbeit?

Kinder, die in ihren Herkunftsfamilien leben, haben die Möglichkeit sich über ihre Vergangenheit zu informieren und zurückliegende Ereignisse in der Gegenwart zu klären. Kindern, die getrennt von ihrer leiblichen Familie sind, bleibt diese Gelegenheit oft versagt, sie haben vielleicht Familien, Sozialarbeiter, Heime und Umgebungen gewechselt. Ihre Vergangenheit scheint verloren, vieles davon sogar vergessen.

Wenn Kinder ihre Vergangenheit aus den Augen verlieren, kann es sehr schwierig für sie werden, sich emotional und sozial zu entfalten. Wenn Erwachsene diese Vergangenheit nicht mit ihnen besprechen (können), ist es für Kinder nahe liegend anzunehmen, sie könnte sehr schlimm sein.

Biografiearbeit ist ein Versuch, Teile dieser Vergangenheit den Kindern, die getrennt von ihrer originären Familie sind, zurückzugeben. Das gemeinsame Zusammentragen der Tatsachen dieses Lebens und der wichtigsten Personen darin hilft ihnen zu beginnen, ihre Vergangenheit anzunehmen und mit diesem Wissen in die Zukunft zu gehen. Wir fanden heraus, dass die meisten fremduntergebrachten Kinder davon profitierten, ihre Vergangenheit, Gegenwart und Zukunft mit einem einfühlsamen Erwachsenen zu besprechen. Biografiearbeit schafft eine Struktur für das Gespräch mit Kindern. Diese Methode ist sowohl für Kinder als auch für Erwachsene geeignet.

Von ihren leiblichen Eltern getrennte Kinder, ob sie in Kinderheimen oder Pflegefamilien leben, zu einer neuen Familie kommen oder zu ihrer Ursprungsfamilie zurückkehren, müssen die Frage klären, warum sich die Trennung ereignete und warum verschiedene Erwachsene nicht in der Lage waren, für sie zu sorgen. Wir haben es in der Vergangenheit oft versäumt, den Kindern, für die wir verantwortlich waren, die Möglichkeit zu geben, sich mit ihren Erfahrungen auseinander zu setzen. Unsere Erfahrung mit den Kindern, mit denen wir gearbeitet haben, hat uns darin bestärkt zu glauben, dass Biografiearbeit eine brauchbare Methode ist, dieses Bedürfnis zu befriedigen und dass alle Kinder auf irgendeine Art und Weise davon profitierten.

Biografiearbeit kann mit einem Buch oder Video abschließen oder einfach eine Aufzeichnung von stattgefundenen Sitzungen sein. Sie muss nicht mit einem Produkt enden – es ist mehr der Prozess als nur das Produkt, von dem die involvierten Kinder und Jugendlichen am meisten profitieren.

Alle Kinder haben Anspruch auf genaue Information über ihre Vergangenheit und ihre Familie. Das ist ein für fest in ihren Familien lebende Kinder selbstverständliches Recht. Für die Kinder, die getrennt sind von ihren leiblichen Familien, ist das Recht auf dieses Wissen genauso wichtig, nicht nur um ihrer selbst willen, sondern auch für ihre zukünftigen Kinder.

Biografiearbeit kann brauchbar modifiziert werden – nicht nur für ältere Menschen, sondern auch für die Eltern, von denen die Kinder getrennt sind. Viele Eltern, deren Kinder dauerhaft fremduntergebracht sind, waren dies früher selbst. Die Wahrscheinlichkeit ist gering, dass jemand mit ihnen Biografiearbeit gemacht hat. Wird sie jedoch mit ihnen als Erwachsene durchgeführt, kann dies sowohl den Kindern als auch den Eltern klären helfen, warum die Familie nicht zusammenleben kann, und man kann so den besten Nutzen aus der Trennung ziehen.

Der Children Act von 1989 betont[2], dass Kinder in Gespräche einbezogen werden sollen, die ihr Leben betreffen. Biografiearbeit kann ein Mittel sein, dem Kind altersgemäße Informationen zu geben, die es ihm ermöglichen, fundierte Entscheidungen zu treffen.

Ein Kind, das zum Beispiel in seiner Herkunftsfamilie einen Erwachsenen identifiziert, der es sexuell missbraucht hat, wird verstehen müssen, dass es nicht möglich ist, nach Hause zurückzukehren, solange diese Situation weiter besteht.

Biografiearbeit sollte die zugrunde liegende Philosophie des Children Act 1989 ergänzen – Beteiligung und Einbeziehung des

2 Anmerkung der Übersetzerin: Auch in der Neuordnung des Kinder- und Jugendhilfegesetzes von 1990 wird verstärkt Wert auf die Einbeziehung des Kindes und seiner Familie durch die Hilfeplanung gelegt.

Kindes und seiner Familie. Wir wissen auch, dass sie erfolgreich bei Eltern eingesetzt wurde, um ihnen zu helfen, ihre eigene Vergangenheit zu ordnen (s. S. 131).

Was haben Kinder von Biografiearbeit?

Biografiearbeit gibt Kindern eine strukturierte und verständliche Möglichkeit, über sich selbst zu reden. Sie kann Klarheit schaffen, wo es bedenkliche und idealisierte Fantasien gibt. Einmal fertig gestellt, existiert eine Aufzeichnung, in der das Kind jederzeit nachschlagen kann und mit seiner Erlaubnis auch die Personen, die für es sorgen, vor allem während einer Krise.

Biografiearbeit kann das Selbstwertgefühl eines Kindes steigern, denn traurigerweise ist im Hinterkopf von fast allen von ihren leiblichen Familien getrennten Kindern der Gedanke, sie seien wertlos und nicht liebenswert. Sie beschuldigen sich selbst für Handlungsweisen von Erwachsenen. Wurden sie von ihren Eltern oder Angehörigen verlassen, vernachlässigt oder verletzt , sind sie überzeugt, dass sie es selbst verschuldet haben. Biografiearbeit ermöglicht es, ihnen zu zeigen, warum sie stolz auf sich selbst sein sollten. Diese positive Haltung sollte in jedem Buch, Video oder einer anderen entstehenden Aufzeichnung sichtbar werden. Beim Gespräch über ihre leibliche Familie zum Beispiel ist es wichtig, die positive Seite zu betonen, obwohl man ihnen in geeigneten Worten die Wahrheit über ihre Familie sagt und warum sie nicht dort leben (wie schmerzlich das auch sein mag). Man sollte über ihre leiblichen Eltern in einer nicht-wertenden Art sprechen. Man könnte zum Beispiel sagen, dass manche Eltern Schwierigkeiten haben, ihre Elternrolle auszuüben und Verantwortung für Kinder zu übernehmen, aber andere Bereiche ihres Lebens meistern können.

Wenn man zusammen an dem Buch gearbeitet hat, wird man sich enger mit dem Kind verbunden fühlen. Wir merkten, dass Erinnerungen aus unserer eigenen Kindheit ständig wach wurden. Wenn auch wir Kummer erlebt hatten, teilten wir diese Erfahrung mit dem Kind, ohne jedoch zu vergessen, um wessen Geschichte es geht! Manche Leute machen Biografiearbeit mit mehreren Kindern gleichzeitig, und manchmal kann das Mitteilen von Erfahrungen – natürlich ohne die Vertraulichkeit zu verletzen – den Kindern helfen, sich besser zu fühlen. Auf diese Weise kann ein Kind erfahren, dass viele Menschen Verletzungen in ihrer Kindheit erlebt haben und dass die Verantwortung nicht bei ihm selbst liegt; es braucht sich nicht schuldig zu fühlen, wie es erstaunlicherweise so viele Kinder für das Verhalten ihrer Eltern tun.

Zu guter Letzt möchten wir dazu ermutigen, das Spielen wieder zu entdecken, sich zu entspannen und es zu genießen. Es kann notwendig sein, wieder Spielen zu lernen. Das kann viel Spaß machen! Bei manchen der später erklärten Spieltechniken ist es wichtig, sich mit dem Kind auf den Boden zu setzen und mit Spielsachen zu spielen. Man sollte keine Hemmungen haben, falls man aber eine Rechtfertigung braucht, sollte man wissen, dass das Spiel einen ernsthaften Zweck hat und eine wertvolle Technik ist, die genauso wichtig ist, wie die Fähigkeit, mit einem Kind ungezwungen über wichtige Themen zu reden. Nicht immer, aber manchmal, wird Biografiearbeit zum Spiel führen, und man darf es selbst auch genießen.

Über Identität

Ein gesundes Identitätsgefühl ist für jeden lebenswichtig. Ein schwaches Identitätsgefühl kann Kinder und ebenso Erwachsene behindern und ihre Fähigkeit, neuen Herausforderungen zu begegnen, einschränken. Für manche Kinder wird eine der größten Herausforderungen in ihrem Leben der Wechsel in eine neue Familie sein. Schlimmstenfalls kann ein schwaches Identitätsgefühl Kinder »lähmen«, sodass sie übermäßig an der Vergangenheit hängen und sich nicht dazu bewegen können, an die Zukunft zu denken. Es kann auch Apathie und eine depressive, fatalistische Einstellung verursachen.

Identität ist ein komplexes Gebilde; wahrscheinlich beginnt es beim Einzelnen mit der ersten Unterscheidung zwischen »innerem« und »äußerem« Selbst mit etwa sechs Monaten. Diese Schaffung der Vorstellung eines »Selbst« ist entscheidend für eine gesunde Entwicklung. Wo sie durch Ereignisse und unangemessene Reaktionen von wichtigen Personen (wie Mutter und Vater) gehindert wird, können schwere Probleme auftreten.

Da ein Verständnis des »Selbst« schwierig ist, besonders für Kinder, die von ihren Wurzeln getrennt und ohne eine klare Perspektive sind, wird es einfacher, wenn man die leichter erklärbaren Teile auswählt und offen mit dem Kind bespricht. Ein Möglichkeit dafür ist das Sprechen über die Vergangenheit, Gegenwart und Zukunft.

Die Vergangenheit besteht aus Orten, signifikanten Daten und Zeiten, Personen, Veränderungen, Verlusten oder Trennungen und anderen Ereignissen, die sowohl glücklich als auch traurig sind, wie Krankheiten, Ferien und Geburtstage.

Die Gegenwart besteht aus Selbstbildnissen, Reaktionen auf die Vergangenheit und Antworten auf Fragen wie »Was tue ich hier?«, »Wo gehöre ich hin?«, »Wie sehen mich andere?«.

Die Zukunft besteht aus Themen wie »Wie werde ich sein?«, »Wo werde ich leben?«, »Welche Chancen habe ich?«, »Welche Veränderungen werden kommen?«.

Viele Kinder, mit denen wir arbeiteten, fühlten sich miserabel und deprimiert. Der Ausblick in die Zukunft sollte diese Gefühle

mindern und sie durch Hoffnungen und Wünsche ersetzen. Durch Biografiearbeit können Punkte, die sich auf die Vergangenheit, die Gegenwart und die Zukunft beziehen, auf eine selbstverständliche Art zur Sprache gebracht werden. Das ermöglicht es, Fakten über die Vergangenheit und Gegenwart festzuhalten und dazu beizutragen, Ereignisse und Personen im Leben des Kindes zu entmystifizieren. Gleichzeitig können Hoffnungen für die Zukunft und Zweifel an ihr zur Sprache gebracht werden und ein »Überbrücken« (das Verbinden der Vergangenheit mit der Zukunft) in eine neue Familie oder Situation kann beginnen.

Der Teil über Identitätstheorie ist notgedrungen kurz. Wir haben am Ende dieses Buches weitere Literatur aufgelistet, die das Thema vertieft.

Wer sollte Biografiearbeit mit Kindern machen?

Wir glauben fest an die heilende Wirkung von Gesprächen. Jeder verständnisvolle Erwachsene kann die richtige Person für diese Arbeit sein, wenn er oder sie bereit ist, die Zeit zu opfern und die Verpflichtung dem Kind gegenüber einzugehen, Biografiearbeit mit ihm zu machen. Dies kann ein Buch, Video oder eine andere dauerhafte Aufzeichnung über das Leben des Kindes sein, auf die es zurückgreifen bzw. zu der es etwas hinzufügen kann.

Jeder, der diese Aufgabe übernimmt, wird die aktive Unterstützung des zuständigen Sozialarbeiters des Kindes und anderer wichtiger Personen durch regelmäßige Besprechungen benötigen. Wir haben Adoptions- und Pflegeeltern und vielen pädagogischen Fachkräften im Heim erfolgreich geholfen, auf diese Art mit Kindern zu arbeiten. Es ist auch wichtig, einen ernsthaften Versuch zu machen, die leibliche Familie miteinzubeziehen, wenngleich immer das Kind den Umfang ihrer Einbeziehung bestimmt.

Was verlangt die Biografiearbeit von dem Erwachsenen ?

Wer mit einem Kind Biografiearbeit macht, benötigt Wachsamkeit und Geduld für die Hinweise, die das Kind geben könnte. Besonders während Sitzungen, in denen nicht viel passiert, weil das Kind nicht in der Stimmung ist oder testen will, ob man vertrauenswürdig ist. Die Person muß dem Kind gegenüber auch einfühlsam sein. Es gibt keine Gebrauchsanweisung für die Biografiearbeit, das Kind ist jedoch immer der Schlüssel dafür. Es liegt in der Verantwortung des Erwachsenen, Wege zu finden, die es dem Kind ermöglichen, über sein Leben zu sprechen; man sollte es vermeiden, die eigene Betrachtungsweise aufzudrängen. Genauso, wie man es nicht zulassen sollte, offensichtlich falsche Informationen aufzuzeichnen gilt es ebenso zu vermeiden, das Ruder zu übernehmen und somit die »beeinflusste Version« vom Leben eines Kindes zu produzieren. Es ist immer noch die Lebensgeschichte des Kindes und wichtig ist seine Sichtweise.

Es ist auch wichtig, dem Kind zu vermitteln, dass die Aufzeichnung verändert werden kann. Manche Kinder werden zu einem späteren Zeitpunkt wichtige Informationen offenbaren, welche sie gerne zu ihrer Lebensgeschichte hinzufügen möchten.

Es gibt Fehler, die weniger erfahrene Personen manchmal machen, mit gesundem Menschenverstand können diese aber leicht vermieden werden.

1. Niemals das Vertrauen verraten, das das Kind einem schenkt.[3]
2. Nicht vermeiden, über Sachen zu sprechen, über die das Kind sprechen will, weil sie einem selbst unangenehm sind.
3. Dem Kind keine Wörter in den Mund legen.
4. Sobald man die Aufgabe übernommen hat, Biografiearbeit zu machen, darf man nicht das Kind auf halber Strecke damit allein lassen und hoffen, dass jemand anderes die Arbeit beendet. Man sollte damit so lange fortfahren, bis man sich mit dem Kind einig ist, dass es Zeit ist, die regelmäßigen Sitzungen zu beenden.
5. Weder das Endprodukt noch die durchgeführte Biografiearbeit als Belohnung oder Druckmittel benutzen, sondern lediglich als einen normalen Teil des gemeinsamen Lebens.

3 Wenn ein Kind einem selbst gegenüber zum ersten Mal aufdeckt, dass es sexuell missbraucht wurde, muss man ihm klarmachen, dass manche Informationen an die Erwachsenen weitergegeben werden müssen, die für seinen Schutz verantwortlich sind (siehe auch Kapitel 12).

6. In der Geschwindigkeit des Kindes vorgehen, nicht in der eigenen – es geht auf diese Art und Weise sogar schneller! Ein Kind zu hetzen bringt es nur dazu, langsamer zu werden oder an Details hängen zu bleiben.
7. Beständigkeit – das Kind muss wissen, wann man kommt. Nicht die Arbeit anfangen und dann sagen, man kommt wieder, wenn man Zeit hat. Das führt dazu, dass das Kind einem nicht länger vertraut und sich verletzt fühlt.

Wann sollte man Biografiearbeit machen?

Biografiearbeit kann jederzeit begonnen werden, wenn Erwachsener und Kind genug Vertrauen zueinander gefasst haben und der zeitliche Rahmen sichergestellt ist. Manchmal dient sie dazu, das Kind auf einen Wechsel vom Kinderheim in eine Familie vorzubereiten; manchmal kann sie dem Kind helfen, das Leben so zu akzeptieren, wie es ist.

Im Idealfall fällt die Entscheidung zur Biografiearbeit auf einer Besprechung oder Fallkonferenz. Gleichzeitig wird darüber entschieden, wer was und wo übernimmt. Der Erwachsene, der die Biografiearbeit macht, braucht die Unterstützung aller an dem Fall Beteiligten sowie Fakten, Informationen und Hilfe bei Problemen. Pflege- oder Adoptiveltern sollten sich Unterstützung von dem zuständigen Sozialarbeiter oder vielleicht von anderen Pflege- bzw. Adoptiveltern holen und regelmäßige Besprechungen über die Entwicklung führen. Gute Supervision ist sehr wichtig, egal, ob man Sozialarbeiter oder Heimerzieher ist.

Andere Mitglieder des beteiligten »Teams«, die mit dem Kind umgehen und die Fort- oder Rückschritte des Kindes feststellen, sollten dies dem Biografiearbeit durchführenden Erwachsenen mitteilen. Sie sollten auch auf den Umgang mit dem Kind vorbereitet sein, wenn es vergangene Erlebnisse wieder erlebt oder Bestätigung sucht und möglicherweise gestörtes Verhalten zeigt. Sie müssen verstehen, dass dies alles Teil des Heilungsprozesses ist.

Feedback an dieses »Team« ist auch nützlich, um geeignete Entscheidungen für die Zukunft des Kindes zu treffen. Wir möchten jedoch noch einmal die Warnung betonen, nicht das Vertrauen des Kindes zu verraten.

Wie geht man mit Vertraulichkeit um?

Über die wichtige Frage, wie wir vertraulich mit den Inhalten umgehen, die uns das Kind während der Biografiearbeit mitteilt, haben wir uns viele Gedanken gemacht. Wir haben die ganze Zeit hindurch versucht, eine befriedigende Lösung in dem Konflikt zu erreichen, einerseits nicht das Vertrauen eines Kindes zu verraten und andererseits dem dringenden Bedürfnis Rechnung zu tragen, einige Informationen mit anderen zu teilen.

Es ist eine der Schwierigkeiten, dass die wichtigen Personen im Leben eines Kindes wie Pflegeeltern, Sozialarbeiter und Heimerzieher den Anspruch haben könnten, alle müssten »alles« wissen. Sie meinen vielleicht, es wäre wichtig, alles Wissen zusammenzutragen, um dem Kind zu helfen. Das Kind wird das sicher nicht so sehen. Man sollte, wenn möglich, wichtige Personen aus der Vergangenheit des Kindes mit einzubeziehen versuchen.

In unserer individuellen Arbeit mit den Kindern erfuhren wir immer wieder, dass sie sich wünschten, die Gespräche blieben zwischen den beiden Beteiligten vertraulich. Kinder mögen etwas aus ihrem Inneren offenbaren, aber nicht bereit dazu sein, es in ihrer Biografiearbeit aufzuzeichnen. Zum Beispiel drücken sie vielleicht Wut gegen eine Person aus ihrer Vergangenheit aus, was Relevanz für die Zukunft haben könnte, und man findet es vielleicht notwendig, dies an andere weiterzugeben. Unter solchen Umständen würden wir nur den Rand der Vertraulichkeit antasten, ohne irgendwelche Details zu offenbaren.

Wir machen den für das Kind wichtigen Erwachsenen immer klar, dass ihr Kind möglicherweise Vertraulichkeit über bestimmte Dinge verlangt und wir empfehlen, dies zu respektieren. Möglicherweise kann man dem Kind erklären, dass man die Erlaubnis will, mit anderen über einen Teil einer Aufdeckung zu reden, weil man glaubt, es könnte dem Kind helfen. Man sollte mit dem Kind absprechen, was man sagen darf. Schon das kann hilfreich für das Kind sein, weil es eine andere Basis schafft, um ein möglicherweise schmerzvolles Ereignis aus der Vergangenheit zu besprechen. Manchmal sind Offenbarungen jedoch so schwerwiegend, dass man nicht schweigen kann, zum Beispiel wenn das Kind von jemandem weiß, der weiterhin Kinder missbraucht. Man ist auch bezüglich anderer für Schutz und Unversehrtheit verantwortlich.

In solchen Fällen muss man dem Kind erklären, dass man Informationen weitergeben muss, um das Kind und/oder andere Kinder zu schützen. Man kann aber versprechen, dass man keine Information weitergibt, wenn es nicht absolut notwendig ist, dass man dem Kind beisteht, bei jeglichen Befragungen anwesend ist und ihm versichern, dass es vor dem Missbrauch geschützt sein wird. Man kann aus diesem Grund auch mit dem Kind den Zeitpunkt abstimmen, die Offenbarung mitzuteilen. Normalerweise ist der einzige Grund, der ein Kind davor zurückhält, einen Missbrauch zu enthüllen, der, dass es glaubt, niemand könne ihm helfen oder es schützen. Ein Kind wird sich einem gegenüber offenbaren, wenn man sein Vertrauen gewonnen hat – man sollte vorsichtig sein, dieses Vertrauen nicht zu verraten.

Wie endet die Biografiearbeit?

Es kommt ein Stadium, in dem beide, Erwachsener und Kind, darin übereinstimmen, dass die Gegenwart erreicht ist, alles behandelt wurde und die regelmäßigen Sitzungen beendet werden können. Dieser Zeitpunkt ist bei jedem Kind unterschiedlich. Man sollte misstrauisch sein, wenn sich aus der Biografiearbeit nur ein etwas umfangreicheres Fotoalbum entwickelt hat und man bereits nach drei oder vier Sitzungen fertig ist. Um sicherzugehen schaut man sich in einer solcher Situation das Fertiggestellte noch einmal an und überprüft, ob das Kind über jeden einzelnen Zeitabschnitt, der bekannt ist, etwas malen oder schreiben kann (der Reihe nach oder mittels eines Fragebogen, wie später beschrieben).

Wir betrachten die Arbeit niemals als beendet, im Gegenteil, manche Aufzeichnung des Prozesses ist wichtig, weil sie einen Bezugspunkt darstellt, und besonders, weil sie bis zum Erwachsensein hin vervollständigt werden kann. Man kann in einer Krise darauf zurückkommen, in welcher ein Kind einen Geist oder Mythos der Vergangenheit aufleben lässt, oder anfängt, Teile der Kindheit zu erinnern und zu entdecken, die ihm nicht verfügbar waren, als es mit der Biografiearbeit begann. Dann kann man das Kapitel des Buches aufschlagen, das davon handelt und vorsichtig gemeinsam die Realität wieder entdecken oder neu definieren.

Wenn wir zum Beispiel mit dem Kind den Wechsel in eine neue

Familie besprachen, erlebten wir oft, dass es anfing, Fantasien über seine leibliche Familie zu entwickeln, egal, wie schlimm diese es auch im Stich gelassen hatte. Kinder haben eine natürliche Angst, auf ihre gegenwärtige, relative Sicherheit – wie unbefriedigend diese auch sein mag – zugunsten einer risikoreichen Zukunft zu verzichten. Biografiearbeit kann hilfreich sein, um gemeinsam auf die Wut zurückzuschauen, die das Kind auf die leiblichen Eltern hatte, als es das Lebensbuch erstellte. Sie hilft dem Kind vielleicht, leichter loszulassen und der Zukunft entgegenzutreten.

Das Buch ist das Ergebnis unserer eigenen Erfahrung. Wir schrieben es, um diejenigen zu unterstützen, die Biografiearbeit benutzen möchten, um Kindern zu helfen. Wir hoffen, dass das, was wir hier sagten, hilfreich ist und nicht entmutigt. Vielleicht sorgt man sich, einem Kind Schaden zuzufügen oder ihm Kummer zu bereiten. Wenn man aber eine Bindung zu dem Kind hat, ist man die richtige Person, um Biografiearbeit zu machen, und auf längere Sicht wird man jeglichen Kummer mehr als kompensieren, als man auf kürzere Sicht das Kind leiden lässt. Den einzigen Schaden, den man anrichten kann, ist das Aufgeben seiner Verpflichtung, bevor sie erfüllt ist.

2. Mit Kindern kommunizieren

Nach unserer Meinung drücken die folgenden »Zehn Gebote« alles aus, wenn es um die Kommunikation mit Kindern geht. Sie sind übernommen aus *Opening New Doors* von Kay Donley, frühere Leiterin einer Beratungsstelle für Kinder in New York. Obwohl die Terminologie das amerikanische Fürsorgesystem widerspiegelt, ist die Botschaft doch universal.

1. Vermeidung von Phrasen im Gespräch mit Kindern

Kinder erkennen Phrasen, und ihr Gebrauch sagt einem Kind sofort und klar, dass es mit einem Erwachsenen zu tun hat, der nicht weiß, wie man mit ihm spricht. Einige der typischen Phrasen, die Erwachsene in der Arbeit mit Kindern benutzen sind Fragen, forschende Fragen wie »Gehst du gerne in die Schule ?«, »In welcher Klasse bist du ?« Man sollte niemals auf diese Art eine Unterhaltung mit einem Kind beginnen. Wenn man das Kind wirklich kennt, mögen solche Fragen vielleicht angebracht sein, doch niemals als Eröffnungszug. Die beste Art, eine Unterhaltung mit einem Kind zu beginnen, ist einfach einige Nettigkeiten darüber auszutauschen, wer man ist und wie man sich darüber freut, es zu kennen usw. Kinder reagieren besser auf eine allmähliche Annäherung als auf das physische und psychische Überwältigtwerden von so einer großen Person, die auf sie zukommt und anfängt, ihre innersten Gedanken zu untersuchen. Man darf sich Zeit lassen. Man wird niemals gleich wissen, ob man ein sehr scheues, in sich gekehrtes Kind vor sich hat oder ein sehr aggressives.

2. Man kann voraussetzen, dass jedes Kind, mit dem man arbeiten wird, einige verborgene Anliegen hat, die niemals zuvor adäquat verstanden oder bearbeitet wurden.

Ich beziehe mich speziell auf fremduntergebrachte Kinder, die die Erfahrung teilen, von ihren Eltern getrennt worden zu sein. In vielen Fällen haben sie auch eine Reihe von Betreuungspersonen verloren – Heimerzieher oder Pflegeeltern. In der Arbeit mit dem Kind entdeckt man vielleicht, dass ihm jemand, der sehr fähig und sehr sensibel war, verstehen half, was passierte. Sicherer ist es allerdings anzunehmen, dass niemand die verborgenen und oft konfusen Anliegen des Kindes adäquat eingeschätzt hat.

3. Man sollte von Anfang an begreifen, dass fremduntergebrachte Kinder verletzt wurden: Ein Teil von ihnen wurde beschädigt.

Weil alle das Kind als unberührt und nicht geschädigt darstellen, sollte man dennoch nicht annehmen, dass dem so sein muss. Oftmals gingen eine Menge Personen mit dem Kind um, ohne etwas wahrzunehmen. Vielleicht hat sich ein einzelnes Kind trotz schwieriger und schmerzhafter Umstände ausnahmsweise gut angepasst. Die Regel aber ist, dass immer einige zum Teil unbearbeitete Geschichten versteckt liegen. Wenn man das versteht, wird man ein halbes Jahr später nicht entsetzt sein oder aus dem Gleichgewicht geraten, wenn jemand sagt: »Weißt du, irgend etwas ist seltsam an diesem Kind. Ich würde es als nicht ganz ›normal‹ bezeichnen.«

4. In der Arbeit mit einem Kind ist die wesentliche Aufgabe zu erfahren, wie es sich mit sich selbst auseinander setzt und wie es seine Situation begreift.

Bis man wirklich weiß, was in ihm vorgeht, wird man nicht in der Lage sein, es richtig und wahrheitsgemäß vor Heimerziehern oder potenziellen Pflege- oder Adoptiveltern zu vertreten. Man muss das Kind nicht nur zur eigenen Befriedigung verstehen. Man muss darauf vorbereitet sein, sein Verständnis anderen Personen mitzuteilen. Das ist nicht einfach.

5. Die Entwicklung spezieller konkreter Methoden wird helfen, mit einem Kind zu kommunizieren.

Normalerweise sind Kinder nicht interessiert, allein durch Verbalisierung mit jemanden zu kommunizieren. Sie verfügen über andere Werkzeuge, und man muss herausfinden, welche das sind, um sie auch benutzen zu können.

6. Man sollte darauf vorbereitet sein, eine zuverlässige, vorhersagbare und regelmäßige Einrichtung im Erleben des Kindes zu werden.

Man kann nicht einfach an einem Montag auf einen Sprung vorbeikommen und sagen »Wir sehen uns irgendwann demnächst wieder«. Das unklare Versprechen des Sozialarbeiters vorbeizukommen bedeutet gewöhnlich, einige Wochen wegzubleiben und dann wieder hereinzuplatzen. Das funktioniert einfach nicht und ist tatsächlich destruktiv. Man fügt zu dem bereits großen Erfahrungsschatz des Kindes hinzu, dass Erwachsene unberechenbar, unzuverlässig und unauffindbar sind. Man muss den Kontakt regelmäßig gestalten. Die meisten Sozialarbeiter sagen »Das würde ich wirklich gerne machen, aber ich habe die Zeit nicht dazu«. Das muss hinterfragt werden, denn es ist möglich, Kontakte regelmäßig zu gestalten, auch wenn lange Intervalle zwischen den Besuchen liegen. Wichtig für das Kind ist die Vorhersagbarkeit. Wenn man eine Verpflichtung eingeht, dann soll man sie einhalten. (Und damit meine ich, sie zu halten, auch wenn es mühsam ist!). Wenn man aus irgendeinem Grund nicht in der Lage ist, seine Verabredung einzuhalten, ist es wichtig, dass man die Gründe, warum man nicht kommen kann, direkt dem Kind erklärt. Ich kenne Sozialarbeiter, die sogar so weit gingen, ein Telegramm an ein Kind zu schicken, das sie telefonisch nicht erreichen konnten, so stark war ihr Verantwortungsgefühl.

7. Die Erfahrungen eines jeden Kindes sind einzigartig, und es ist absolut entscheidend, dass jedem Kind geholfen wird anzufangen, sein Leben in den Griff zu bekommen.

Man kann nicht in der Annahme anfangen, dass, weil man erfolgreich mit einem oder zwei von ihren Eltern vernachlässigten Kindern gearbeitet hat, man nun weiß, was diese Erfahrung für jedes Kind bedeutet. Sicherlich kann man aus der einen Situation lernen und sein Wissen in einer anderen gebrauchen. Aber man sollte im Kopf behalten, dass man mit Individuen umgeht: Täuschend ähnliche Erfahrungen haben für verschiedene Kinder sehr verschiedene Bedeutungen.

8. Wenn man eine Zeit lang mit einem Kind arbeitet, muss man ihm helfen, eine »offizielle« Geschichte zu entwickeln.[4]

Mit »offizieller« Geschichte meine ich nicht, Dinge verbergen zu wollen. Ich glaube vielmehr, dass ein Kind eine verständliche, klare, akzeptable Erlärung seiner Lebensumstände haben muss, die es

4 Für Kinder, die sexuell missbraucht wurden, könnte es hilfreicher sein, hinsichtlich der Vertraulichkeit an ›gute‹ und ›schlechte‹ Geheimnisse zu denken. Solche Kinder könnten eine Version von Ereignissen in ihrem Leben für den öffentlichen Gebrauch haben und eine, die sie wichtigen und vertrauenswürdigen Erwachsenen mitteilen.

nach Belieben und Wohlwollen gebrauchen kann. Wenn es zum Beispiel in eine neue Schule kommt, wird es viele neue Kinder kennen lernen, Freunde finden und Leute kennen lernen, die in der Nachbarschaft wohnen. Es wird Fragen gestellt bekommen über sich selbst, und es ist wichtig, dass es eine sozial akzeptable und logische Erklärung dafür hat, wer es ist, wo es ist und warum es in dieser Situation ist. Nur zu häufig schätzen unfähige Sozialarbeiter nicht ein, wie wichtig das ist, und helfen dem Kind nicht, eine »offizielle« Geschichte für die Öffentlichkeit zu entwickeln. Ohne diese bleibt das Kind seiner eigenen Darstellung überlassen und gerät häufig in die Lage, etwas zu erfinden. Ein Kind erfindet Dinge, wenn es nicht ganz sicher ist, wie die Leute die wahren Fakten seiner Situation aufnehmen. Wenn eine Erfindung dann einmal herauskommt, wird das Kind sehr schnell in seiner Umgebung das Ansehen eines Geschichtenerfinders oder, schlimmstenfalls, eines Lügners bekommen.

9. Man sollte immer versuchen, das Kind aus unterschiedlichen, facettenreichen Blickwinkeln zu sehen.

Es gibt nicht nur den einen richtigen Weg, ein Kind zu sehen und zu erleben. Jeder Mensch, der mit dem Kind Kontakt hat, wird eine etwas andere Sichtweise haben und einzigartige Erfahrungen machen. Manche Leute sind begeistert von dem Kind, während andere es nicht ausstehen können. Nach was man wirklich suchen sollte, ist eine Kombination all dieser Wahrnehmungen, denn die Wahrheit liegt dazwischen. Irgendwo, unter all diesen verschiedenen Sichtweisen des Kindes, gibt es ein Bild, das sich seine potenziellen Adoptiveltern vielleicht von ihm machen. Deshalb ist es wichtig zu beginnen, diese Art von Sensibilität und Bewusstsein zu entwickeln.

10. Von Anfang der Arbeit an muss man im Hinterkopf behalten, dass man verpflichtet ist, jeder Betreuungsperson – den Heimerziehern oder Adoptivfamilien – die wahre Geschichte des Kindes mitzuteilen.

Man könnte meinen, dass dies selbstverständlich ist und ich diesen Punkt nicht nochmals betonen muss. Aber ich denke, es muss nochmal gesagt werden, weil viele Sozialarbeiter das Gefühl haben, dem Kind ein schwerwiegendes Unrecht anzutun, wenn sie die ganze und traurige Geschichte erzählen, und dass der einzige Weg, das Kind zu schonen, das Verschweigen bestimmter Dinge ist. Gewöhnlich sind das Dinge, die der Sozialarbeiter bedrückend oder unangenehm findet, deswegen werden sie verschwiegen, um dem Kind dadurch eine bessere Chance im Leben zu geben, eine bessere Möglichkeit der Unterbringung, eine einfachere Anpassung. Doch diese speziellen Dinge tauchen stets aufs Neue aus der Geschichte und Vergangenheit des Kindes auf und verursachen Probleme und Schwierigkeiten für es selbst und seine Betreuungspersonen. Das ist ein schmerzhaftes Kapitel für die meisten Sozialarbeiter, aber eines, mit dem man sich herumschlagen und umgehen muss.

Bevor man beginnt

Die Idee zur Biografiearbeit sollte selbstverständlich entstehen, wenn man mit Kindern spricht und sich anhört, was sie über ihre Familie sagen und was sie meinen, warum sie getrennt von ihr sind. Hier folgen trotzdem Richtlinien, die sich auf Kay Donleys Arbeit, beschrieben in ihren »Zehn Geboten«, beziehen.

1. Sowohl zu Beginn als auch während der Biografiearbeit ist es Absicht, dem Kind zu vermitteln, dass man an ihm interessiert ist und dass es keine Beschränkung gibt, was einem erzählt werden kann. Man kann deutlich machen, dass man viel mehr von ihm wissen möchte und es deswegen regelmäßig besuchen wird und kennen lernen will.
   Man sollte daran denken, dass man mit einer Person spricht, die in der Situation ist, Kind und Klient zu sein. Das bedeutet, dass es genauso daran interessiert ist, einem zu erzählen, wie es in der Schule läuft, wie man selbst einem Fremden erzählen würde, wie es bei der Arbeit läuft. Jeder andere Erwachsene wird es gefragt haben, wie es in der Schule vorankommt, und es weiß, dass dies nur eine Konversationsmasche ist, die von Fremden benutzt wird. Wenn man das Kind kennengelernt hat und es weiß, dass man ernsthaft interessiert ist, erzählt es einem vielleicht ehrlich, wie es ihm in der Schule geht.

Zuerst muss man nichts von großartiger Bedeutung sagen, sondern einfach vermitteln, dass man kommen will, um mit dem Kind über es selbst zu reden und um vielleicht ein Buch über sein Leben zu machen. Jedes Kind wird mit einer anderen Geschwindigkeit arbeiten, wie Erwachsene auch, und man sollte die Arbeit ganz selbstverständlich geschehen lassen; jedes Kind wird es einen wissen lassen, wenn es mit jemanden befreundet sein will.

2. Sollte man eine langsame oder vorsichtige Annäherung an die Idee, ein Lebensbuch oder Video zu machen, notwendig finden, kann man mit einem Fragebuch anfangen, wie wir es später beschreiben.
3. Wenn die Biografiearbeit von jemanden gemacht wird, der nicht mit dem Kind zusammenlebt, sollte sie immer zu festgelegten Zeiten stattfinden, die man zuverlässig einhält. Man kann nicht einfach sagen: »Ich seh dich in ein oder zwei Wochen.« Man macht einen Termin aus und hält ihn ein. Wenn man eine Verabredung nicht einhalten kannt, ruft man an und spricht mit dem Kind persönlich, man sagt ihm, warum man nicht kommen kann und wann man das nächste Mal kommen wird. Vielleicht wird man die erste Person im Leben des Kindes sein, die das tut, und es bringt den Tag näher, an dem es einem vertraut.
4. Wenn man mit dem Kind zusammenlebt, sollte man zu jeder Zeit, die beiden gemeinsam angenehm ist, miteinander sprechen können. Zusätzlich sollten regelmäßige Termine nebenher ausgemacht sein, sodass nicht das Kind verantwortlich sein muss für das Vorangehen der Arbeit. Man darf nur nicht zulassen, dass vom Thema abgeschweift wird und Wochen vorbeigehen, ohne dass die Arbeit weitergeht.

3. Bevor man mit Biografiearbeit anfängt

Erste Nachforschungen

Es ist notwendig, über die »offizielle« Vergangenheit des Kindes informiert zu sein, bevor man die gemeinsame Arbeit anfängt. Als Sozialarbeiter wird man Zugang zu der Akte des Kindes haben. Wurde entschieden, dass man als Adoptiv- oder Pflegeeltern mit seinem Kind Biografiearbeit macht, sollte der Sozialarbeiter des Kindes die Informationen weitergeben. Man sollte sich nicht scheuen, jemand zu belästigen, bis man alle Informationen hat, die man braucht. Wenn man auf Schwierigkeiten stößt, darf man sein Recht in Anspruch nehmen, eine Besprechung einzuberufen, um alle Probleme »auszuräumen«.

Die Informationen über das Kind sollten sorgfältig und gründlich gelesen werden. Man ordnet sie in chronologischer Reihenfolge und notiert die Beweggründe für Entscheidungen, Wechsel in der Unterbringung und so weiter. Von jeder Lücke in den Aufzeichnungen macht man einen Vermerk, sodass man sich Informationen über diesen Zeitraum beschaffen kann. Aufgrund dieser Nachforschungen wird man in der Lage sein, eine »Lebensgrafik« des Kindes zu erstellen. Auf Seite 67 zeigen wir ein Beispiel, wenn wir Lebensgrafiken im Detail besprechen.

In diesem Stadium könnte es sein, dass eine Betreuungsperson Anzeichen entdeckt, die vermuten lassen, dass ein Kind sexuell missbraucht wurde. Die Beteiligten müssen dann entscheiden, was mit dieser Information gemacht wird. Für fremduntergebrachte Kinder, die ihren sexuellen Missbrauch bis jetzt noch nicht offenbart haben, kann es sehr hilfreich sein, wenn ein Erwachsener »vermutet«, in ihrer leiblichen Familie sei ein sexueller Missbrauch vorgefallen. Oftmals hat sich niemand vorher hingesetzt und die gesamte Akte des Kindes unter diesem Gesichtspunkt durchgesehen. Es ist außerordentlich wichtig festzustellen, ob ein Kind innerhalb seiner leiblichen Familie sexuell missbraucht wurde, bevor man die wichtigen Personen im Leben eines Kindes kontaktiert. Missbraucher versuchen oft alles, um Kinder zum Schweigen zu bringen, und erneuter Kontakt kann sowohl für traumatische Erinnerungen des Kindes ein Auslöser sein als auch für erneute Versuche des Täters, das Kind wieder zum Schweigen zu bringen.

Unter Verwendung der gewonnenen Informationen schreiben Sie sofort an die wichtigen Personen im Leben des Kindes. (Vielleicht lassen diese sich mit der Antwort Zeit, während Sie die Informationen verfügbar haben wollen, wenn sie gebraucht werden.) Man erklärt, was Biografiearbeit ist und fragt, wenn ein Buch geplant ist, nach Informationen und dem Vorhandensein von Fotografien und anderen Dokumenten. Es ist wichtig zu betonen, dass Fotografien nachgemacht und zurückgeschickt werden oder dass Abzüge geschickt werden können.

Wir zeigen hier ein Beispiel eines solchen Briefes:

Sehr geehrte Frau Kern,

vor kurzem habe ich angefangen, David zu besuchen, um ihm dabei zu helfen, ein Buch über sein Leben zu machen, bevor er ins Kinderheim kam. Ich habe bereits mehrere Fotos von ihm bekommen, um sie dafür zu verwenden, aber ich habe keine Fotos von ihm, als er sehr klein war und auch keine von Ihnen.

Ich weiß, dass Fotos von großem Wert sind, aber man kann sie heutzutage sehr einfach vervielfältigen. Wenn Sie irgendwelche Fotos von ihm haben, wäre ich Ihnen dankbar, wenn Sie sie mir ausleihen würden, ich würde sie Ihnen gleich zurückschicken, sobald ich Kopien gemacht hätte.

Ich freue mich darauf, von Ihnen zu hören und Ihnen vielleicht mehr von Davids Buch zu erzählen.

Mit freundlichen Grüßen

Es kann gut sein, dass das Material, nach dem man fragt, erst nach sehr langer Zeit oder nie ankommt, sodass man sich auf andere Hilfen verlassen muss.

Das Verfolgen der Vorgeschichte

Wenn möglich sollte der Sozialarbeiter des Kindes wichtige Personen in dessen Leben besuchen, um weitere Informationen zu gewinnen, die dazu beitragen, ein so weit wie möglich vollständiges Bild zu zeichnen. Diese Personen können die leiblichen Eltern und deren Verwandtschaft sein, Kinderheimpersonal und frühere Pflegeeltern. Auch in diesem Fall sollte man zuerst schreiben, um ihnen den Zweck des Besuches mitzuteilen.

Leibliche Eltern und ihre Verwandten

Man sollte sich nicht scheuen, auf leibliche Eltern zuzugehen, auch wenn es lange Zeit her ist, seit sie ihr Kind sahen. Diejenigen, die mit dem Kind umgehen, sind gewöhnlich besorgt darüber. Sie mögen sagen »Sie hat ihre Mutter vergessen … Warum die Vergangenheit aufrühren?... Das wird ihre Mutter nur dazu bringen, Probleme zu machen …«. Das sind ernsthafte Befürchtungen. Natürlich sollte nicht auf leibliche Eltern zugegangen werden, wenn dies bei dem Kind Schaden anrichten könnte, aber man muss seine eigene Motivation überprüfen, wenn man entscheidet, die leiblichen Eltern nicht um Hilfe zu bitten. Geschieht dies, um das Kind zu schützen oder sich selbst?

Als wir zum ersten Mal anfingen, uns an leibliche Eltern zu wenden, machten wir uns Sorgen über den Schaden, den wir anrichten könnten. Vielleicht hatten wir einfach Glück, denn die Kooperationsbereitschaft der leiblichen Eltern versetzt uns immer noch in Erstaunen.

Gewöhnlich kann nur die leibliche Familie die Informationen geben, die man für einen Stammbaum braucht; eine der besten Möglichkeiten, einem Kind zu zeigen, wo es »herkommt« (s. S. 62).

Wenn die Eltern des Kindes nicht verheiratet waren, wird häufig die leibliche Mutter Informationen über den leiblichen Vater geben. Vielleicht ist es das erste Mal, dass sie auf eine Art und Weise über ihn befragt wird, die ihr von Bedeutung erscheint. Sie könnte dem Kind Dinge verraten wie »Er hatte blaue Augen«, »Er war einen Meter achtzig groß«, »Er war gern auf dem Land«, »Er konnte gut mit Tieren umgehen«. Es ist unwahrscheinlich, dass sie in ihrem Kontakt mit Behörden jemals nach dieser Art von Informationen gefragt wurde.

Wenn der Vater eines Kindes unbekannt ist, kann es für die leibliche Mutter gute Gründe gegeben haben, seine Identität zu verheimlichen. Es ist sehr schwierig, die Anzahl der Kinder festzustellen, die als Folge von Inzest geboren wurden, aber es gibt bestimmte Strukturen von sexuellem Missbrauch innerhalb von Familien, die vermuten lassen, ein Kind könnte die Folge eines Inzests sein. Das könnte natürlich auch ein offenes Geheimnis und in der Akte des Kindes dokumentiert sein. Eine solche Information muss in Bezug auf das Kind sehr sensibel gehandhabt werden. Es ist deswegen wichtig, nicht davon auszugehen, dass die Umstände, in denen ein Kind empfangen wurde, die einer liebenden Beziehung waren. Ein Kind als Resultat eines Inzest zu bekommen kann negative Auswirkungen hinsichtlich der elterlichen Fähigkeiten der leiblichen Mutter haben. Es wäre wichtig, dies dem Kind zu vermitteln – dass die leibliche Mutter, wenn das Kind in der Nähe war, vielleicht ständig an Dinge erinnert wurde, die sie gerne vergessen wollte.

Sie könnte auch über ihre eigene Kindheit berichten. Das kann ihrem Kind oft zu verstehen und bewältigen helfen, dass es nicht möglich ist, bei ihr zu leben. Manchmal wird ein Kind erfahren, dass ein Elternteil auch von seiner leiblichen Familie getrennt wurde oder eine unglückliche Kindheit hatte.

Kinderheimpersonal

Viele Kinder werden in mehreren Kinderheimen gelebt haben. Das Personal, besonders Köche, Putzfrauen und Gärtner, die eine lange Zeit im Heim gearbeitet haben, werden Fotos haben, die man ausleihen kann. Diese können vom Kind in der Gruppe sein, vom Personal oder vom Heim selbst.

Pflegeeltern

Wenn ein Kind in einer Pflegefamilie gelebt hat, wird diese meistens Fotografien von dem Kind und der Familie haben. Sie sind auch eine Informationsquelle, auf die man sich in der Biografiearbeit beziehen kann.

Man muss Fantasie und Gespür beim Aufstöbern von Fotos, Schätzen, Schularbeiten, alten Spielsachen einsetzen – alles, was den Kindern zu begreifen hilft, dass sie eine Vergangenheit haben und was ihnen ein Gefühl von Identität und Zugehörigkeit gibt.

4. Der Anfang

Es gibt keine Gebrauchsanweisung für die Biografiearbeit. Die Vorgehensweise, die wir benutzen, mag nicht für jeden passend sein, und man wird seinen eigenen Ansatz finden müssen. Das Ziel ist nicht unbedingt, ein Buch oder Video herzustellen. Man kann Sitzungen auf verschiedene Art festhalten, aber was immer auch hergestellt wird, es gehört dem Kind.

Das Treffen mit dem Kind

Jede Sitzung sollte sich auf die Aufgabe konzentrieren, das Kind kennen zu lernen, um Fortschritte mit der Biografiearbeit zu machen. Das bedeutet – und wir wiederholen dies, weil es so wichtig ist –, dass man eine regelmäßige, verlässliche und berechenbare Person im Leben des Kindes wird. Man macht Vereinbarungen aus und hält sie ein.

David, dessen Lebensbuch gelegentlich benutzt wird, um dieses Heft zu illustrieren, dachte offensichtlich, dass Erwachsene nicht vertrauenswürdig und unzuverlässig wären. Bei unserem achten Treffen sagte er: »Nicht wahr, du kommst immer an dem Tag, an dem du sagst, dass du kommen wirst.«

Wie lange sollte eine Sitzung dauern?

Die Länge einer Sitzung wird von verschiedenen Faktoren abhängen: ob das Kind bei einem lebt, der Konzentrationsfähigkeit des Kindes, der Zeit, die man zur Verfügung hat. Ideal ist es, eine konkrete Zeit für jede Sitzung anzusetzen. Wir denken, dass eine Stunde die maximale Zeit ist, um selbst konzentriert zu sein, und aus diesem Grund lassen wir gewöhnlich unsere Sitzungen höchstens so lange dauern.

Wenn das Kind bei einem lebt, ist das Wochenende vielleicht die beste Zeit für diese Sitzungen, weil beide vielleicht entspannter sind und befreiter vom täglichen Stress.

Wie häufig werden die Treffen sein?

In ihren »Zehn Geboten« erklärt Kay Donley, dass man eine regelmäßige und beständige Person im Leben des Kindes werden soll. Was ist mit »regelmäßig« gemeint? Wir hatten das Gefühl, dass in den frühen Stadien, etwa den ersten acht bis zehn Wochen Arbeit mit dem Kind, wöchentliche Sitzungen angestrebt werden sollten. Trotzdem könnte es realistischer sein, sich einmal in vierzehn Tagen zu treffen, obwohl es weniger befriedigend ist. Vermieden werden sollte, durch häufigen Kontakt in den ersten drei oder vier Wochen Hoffnungen des Kindes zu wecken und dann in den späteren Kontakten unberechenbar zu werden.

Wenn man Heimerzieher, Adoptiv- oder Pflegemutter ist und das Kind mit einem zusammenlebt, kann das Arrangieren von regelmäßigen Sitzungen erstaunlicherweise schwierig werden. Inmitten der häuslichen und sozialen Rhythmen des Haushaltes ist es oft ein Problem, eine gegenseitig angenehme Zeit zu finden. Die freie Zeit einer Pflegemutter kann zum Beispiel mit der freien Zeit eines Kindes kollidieren, wenn es fernsehen oder mit Freunden spielen will. Eine Person außerhalb des Haushaltes kann diese Rhythmen einfacher unterbrechen.

Das wichtigste Ziel ist, dass die Biografiearbeit angefangen wird und die Sitzungen beständig sind. Das mag als eine lange Verpflichtung erscheinen und abschreckend sein. Vera Fahlberg, eine Psychotherapeutin mit großer Erfahrung in der Arbeit mit schwierigen Kindern und deren Familien, stellt fest, dass »morgen durch die fehlende Vorbereitung heute erschwert wird«. In anderen Worten, diese Zeit ist sinnvoll verwendet und spart letztlich Zeit, weil sie hilft, die Unterbringung des Kindes zu sichern.

Welche Materialien werden benötigt?

Neben Fotos und anderen Dokumenten ist ein leerer Schnellhefter und Papier alles, was man braucht, um ein Buch herzustellen. Füller, Buntstifte und Klebstoff sind nützlich, um zu malen, zu schreiben und Bilder in den Schnellhefter einzukleben. Ein Schnellhefter ermöglicht es, Korrekturen vorzunehmen und neues Material hinzuzufügen, wenn es auftaucht.

Fremduntergebrachte Kinder erleben oft schulische Schwierigkeiten, und es ist wichtig, dass sie sich nicht mit dem Schreiben quälen müssen. Wenn sie wollen, kann man ihnen durch Buchstabieren helfen, sollte aber vermeiden, jeden Fehler zu korrigieren. Manche Kinder genießen es Ihnen zu diktieren, während Sie schreiben oder tippen; man könnte auch dem Kind mit Bleistift vorschreiben zum Überschreiben mit Füller. Man sollte immer daran denken, dass dies das eigene, private Buch des Kindes ist, kein Vorzeigestück, und darauf vorbereitet sein, dass es ein wenig unordentlich und durcheinander sein wird, und dem Kind erlauben, alles einzubeziehen, was es will.

Wer sollte noch beteiligt sein?

Man muss frei von Ablenkungen und Unterbrechungen arbeiten können. Trotzdem ist es wichtig, einen anderen Erwachsenen zu haben, der mit der Arbeit zu tun hat, obwohl er nicht an den Sitzungen teilnimmt. Als Pflegeeltern zum Beispiel wird einem der zuständige Sozialarbeiter des Kindes die meisten faktischen Informationen besorgen müssen und Fotos aufspüren. Mit dem Fortschreiten der Arbeit möchte das Kind vielleicht mit diesem wichtigen Erwachsenen, der mitgeholfen hat, über seine Biografiearbeit reden und sie zeigen wollen. Das kann einem helfen festzustellen, wie das Kind die Vergangenheit aufnimmt und versteht. Mit dem Fortschreiten des Projekts können auch Mitglieder der leiblichen Familie regelmäßig mit einbezogen werden.

Wer bewahrt die Biografiearbeit auf?

Sie gehört ohne Frage dem Kind. Sollte es ihm deswegen erlaubt sein, sie aufzubewahren? Sicher, doch der Zeitpunkt ist wichtig. Manche würden argumentieren, da das Buch dem Kind gehört, sollte es dieses auch immer aufbewahren. Das ist das Ideal und sollte sicherlich gegen Ende der Zeit, in der man gemeinsam arbeitet, auftreten. Trotzdem zerstören manche Kinder ihre Biografiearbeit in gewissen Stadien, wenn sie in ihrem Besitz ist. Das Kind kann von Ärger und Frustration über das Geschehene überwältigt werden und dies an dem Buch auslassen. Wenn das passiert, können wertvolle Fotos und Dokumente für immer verloren gehen. (Wir benutzen jetzt Fotokopien von nicht ersetzbaren Dokumenten.) Deswegen empfehlen wir, in frühen Stadien umsichtig zu sein und sicherzugehen, dass das Buch an einem sicheren Ort aufbewahrt wird. Das Kind sollte immer einen vernünftigen Zugriff darauf haben, dies muss aber überwacht werden.

Wird ein Buch hergestellt, ist es sinnvoll, die Benutzung eines Ringbuches in Erwägung zu ziehen, sodass das Kind Teile einheften oder herausnehmen kann. Die emotionale Reaktion eines Kindes auf einen bestimmten Erwachsenen in seinem Leben kann zum Beispiel durch aktuelle Probleme beeinflusst sein, mit denen die beiden sich beschäftigen. Das ist besonders relevant für Kinder, die sexuell misshandelt wurden und sich zur Zeit ihrer Biografiearbeit noch nicht offenbart haben. Möglicherweise ist ein Bild von ihnen und dem Täter in ihrem Buch. Während das Kind irgendwann in der Zukunft positive Gefühle wiedergewinnen könnte, die es für seinen Elternteil hatte, der es sexuell ausbeutete, so ist es vielleicht momentan nicht fähig, positive Gefühle zu empfinden.

Man kann auch beschließen, ein separates Fotoalbum anzulegen und so das Problem lösen, wie man das Buch sicher aufbewahren und dennoch mit dem Kind teilen kann.

In der Regel ist die beste Zeit, das Buch oder was sonst hergestellt wurde in den Besitz des Kindes zu geben, wenn es eine neue Familie gefunden hat und Anzeichen zeigt, dass es sich dort sicher fühlt. Es kann gut sein, dass es ein stolzer Besitz wird, welchen das Kind anderen zeigen möchte. Ein Sozialarbeiter in Nordirland beschreibt in *Life Books for Children in Care*: »Durch ihre Lebensbücher haben unsere Kinder sich ihre eigene Geschichte Stück für Stück angeeignet, zum Großteil dadurch, dass sie sie so oft mit anderen Personen durchgegangen sind und sie jedes Mal für sie klarer wurden. Zudem dachten sie sich beim Wiedererzählen neue Fragen aus und gewannen jedes Mal neue Erkenntnisse.«

Wer kann sich die Biografiearbeit anschauen?

Die Antwort ist: keiner – ohne die Erlaubnis des Kindes. Das ist sicher ein weiteres Element der Vertraulichkeit. Nichtsdestotrotz sollte ein Gesichtspunkt der Arbeit sein, das Kind zu ermutigen, das Produkt seiner Biografiearbeit zu zeigen. Pflegeeltern könnten zum Beispiel ihrem Kind vorschlagen, mit dem zuständigen Sozialarbeiter über das Buch zu reden. Wenn das Kind einverstanden ist, kann das eine Möglichkeit sein, über Ereignisse in ihrem Leben zu reden. Ein zusätzlicher Pluspunkt kann sein, dass die Person, die mit dem Kind das Buch macht, durch die Art, wie das Kind über die Vergangenheit spricht, das Maß seines Begreifens einschätzen kann. Man muss aber sicher sein, dass das Kind wirklich das Buch zeigen will und nicht nur einwilligt, um einem zu gefallen.

Ist geplant, das Kind in einer neuen Familie unterzubringen, so ist von Anfang an in der Biografiearbeit mit inbegriffen, dass der neuen Familie alles gezeigt wird, was hergestellt wurde. Das macht vieles einfacher, weil wir immer die Ängste und Hoffnungen des Kindes für die Zukunft mit einschließen. Den Wunsch des Kindes zum Beispiel, ein Fahrrad zu besitzen oder mit jemanden aus der Vergangenheit in Kontakt zu bleiben. Ein Mädchen, besorgt darüber, wie sie von den neuen Eltern bestraft werden könnte, schrieb in ihr Buch: »Es ist in Ordnung, eine Ohrfeige zu bekommen, aber nicht, mit dem Gürtel geschlagen zu werden.« Durch die Biografiearbeit wird Kindern eine ungefährliche Möglichkeit geboten, ihre Erwartungen an ihre neue Familie auszudrücken, und vielleicht bieten sie an, über vergangene Erlebnisse zu sprechen.

Unserer Erfahrung nach erlaubten viele Kinder, wenn ihre neue Unterbringung näher kam, ihren künftigen Familien, in ihr Buch zu schauen. Auf der anderen Seite ermutigten wir die zukünftigen Familien, ihr eigenes Lebensbuch zu machen, um es dem Kind zu zeigen. Kinder würdigen diese Geste, und sie kann sehr gut »das Eis brechen«.

Wie wird mich selbst die Arbeit berühren?

Wie wir bereits sagten, soll man niemals das Vertrauen des Kindes verraten und es nicht vermeiden, über die Sachen zu sprechen, über die das Kind sprechen will, weil sie einem selbst unangenehm sind.

Die meisten von uns haben auch Gefühle des Verlustes und der Trennung erfahren. Die Arbeit mit Kindern, die ihre eigenen leidvollen Erfahrungen entwirren, kann bei einem selbst einige dieser Gefühle auslösen. Es ist wichtig, Hilfe und Unterstützung von jemandem zu haben, mit dem man darüber reden kann, was in einem selbst vorgeht. Für Pflegeeltern kann eine regionale Pflegeelterngruppe in der Lage sein, zu helfen. Man könnte Treffen veranstalten für Pflegeeltern, die mit ihren Kindern Biografiearbeit machen. Andere Personen können sich an den Sozialarbeiter des Kindes um Unterstützung wenden und Sozialarbeiter an ihre Kollegen.

Welchen Problemen wird man begegnen?

Beim Aufnehmen der Biografiearbeit kann man selbstverständlich mit einigen Regressionen des Kindes rechnen. Mit »Regression« meinen wir die Rückkehr zu einem Verhalten, welches das Kind hinter sich gelassen haben sollte, oder das Annehmen von Verhaltensweisen, die zu einem viel früheren Altersabschnitt gehören. Eine häufige Erfahrung ist zum Beispiel, dass das Verhalten des Kindes zu dem Alter zurückkehrt, als es zum ersten Mal von seiner Familie getrennt wurde.

Jeder hat seine eigene Art, mit diesen Problemen umzugehen. Das regressive Verhalten wird jedoch nicht anhalten, und wir haben es niemals als Signal betrachtet, die Biografiearbeit nicht weiterzuführen. Finden Kinder die Biografiearbeit zu bedrohlich, werden sie sie ganz einfach nicht machen wollen und einem das sehr klar zu verstehen geben und nicht einfach eine Zeit lang regredieren. (Wir besprechen Regression des Weiteren im nächsten Kapitel).

Ehrlich sein, aber nicht brutal

Jedes Kind ist durch die Trennung von seiner Familie verletzt. Im Gespräch mit dem Kind sollte man dieses Wissen verwenden. Viele andere Erwachsene im Leben des Kindes mögen sagen, dass es völlig unberührt davon ist und nie darüber reden wollte. Man sollte es besser wissen und daran arbeiten, dem Kind zu erlauben, seine Verletzung und seinen Ärger zu irgendeinem Zeitpunkt auszudrücken. Es wird das tun wollen, hat aber vielleicht nie jemand gefunden, der zum Erzählen vertrauenswürdig genug war. Es kann sein, dass Sie die erste Person sind, die sein Vertrauen gewinnt, weil Sie wirklich alles von ihm wissen wollen.

Man darf dem Kind nicht seine Version der Ereignisse aufdrängen, wie es viele Erwachsene getan haben. Sie wollen herausfinden, was das Kind über das, was passierte, denkt. Wenn Sie damit nicht einverstanden sind und es für Fantasie halten, sagen Sie es, aber nicht gebieterischer als bei Nichtübereinstimmung mit einem anderen Erwachsenen.

Es könnte für Sie selbst hilfreich sein, dem Kind zu sagen, was der eigenen Meinung nach vielleicht vorgefallen ist, vor allem, wenn es Anzeichen von nicht aufgedecktem Missbrauch in der Herkunftsfamilie gibt. Möglicherweise ist der Missbrauch klar in der Akte des Kindes dokumentiert, aber das Kind scheint sich nicht zu erinnern. Einzugestehen, wie schrecklich das Leben in ihrer Herkunftsfamilie war, kann für traumatisierte Kinder ein wichtiger Schritt voran in ihrem Leben sein und den Gesundungsprozess einleiten.

Man sollte ehrlich sein, aber nicht brutal. Das Kind wird es merken, wenn man etwas verheimlicht oder Ausflüchte macht, und einem nicht mehr so sehr vertrauen. Verbündet man sich mit den Kindern beim Abwerten ihrer Eltern oder anderer, wird man später merken, dass sie nicht ehrlich beim Sprechen über ihre Vergangenheit oder über ihre Gefühle gegenüber anderen sind. Man sollte versuchen, einige positive Dinge an den Leuten zu finden, über die sie sich beklagen, die negativen aber nicht vertuschen. Die Kinder werden einem mehr vertrauen, wenn man versucht, unparteiisch und objektiv über das Handeln von Personen zu sein, als wenn man eine Tirade gegen ihre Familie und ihre Freunde loslässt. Ihre leibliche Familie ist ein Teil von ihnen: Das Kritisieren der Familie würde letztendlich bedeuten, sie selbst zu kritisieren.

Jedes Kind ist ein Individuum, das eine sehr interessante Geschichte zu erzählen hat, wenn man ihm dabei hilft. Man sollte es wissen lassen, dass man interessiert und vertrauenswürdig ist; schließlich wird es Ihnen alles über sich selbst erzählen wollen.

5. Die Beantwortung einiger Fragen

Wir haben die ganze Zeit deutlich gemacht, dass Biografiearbeit mit Kindern mit Schwierigkeiten verbunden sein kann. Kennt man einige dieser Schwierigkeiten, kann man ihnen eher gemeinsam begegnen, falls man auf sie stößt. Wir stellen hier einige der Fragen, die auftauchen können.

Mein Kind wurde als Kleinkind misshandelt. Wie erklärt man das?

Von Zeit zu Zeit werden wir gefragt, wie man einem Kind Dinge über seine Eltern sagt, die möglicherweise unangenehm sind. Dies ist einfacher zu beantworten, indem wir einige Beispiele dessen nennen, was man **nicht** sagen sollte:

Deine leibliche Mutter liebte dich sehr, aber sie hatte nicht genügend Geld, um dich zu versorgen, weil sie keine Arbeit hatte.

Was passiert dann, wenn auch der Verdiener in einer neuen Familie arbeitslos wird? Und wie erklärt man, dass die leiblichen Eltern jetzt arbeiten?

Deine erste Mutter wurde krank, deswegen lebst du bei uns, aber sie liebt dich immer noch.

Was passiert dann, wenn man selbst auch krank wird oder es der leiblichen Mutter besser geht?

Was wie ein Akt der Freundlichkeit erscheint, um das Kind zu schützen, ist oft eine Entschuldigung des beteiligten Erwachsenen, um einen schmerzlichen Sachverhalt zu vermeiden. Das Motto »Wissen vertreibt Angst« kommt zwar aus einer Fallschirmschule, es ist aber übertragbar, um das Kind beim Verstehen seiner Vergangenheit zu unterstützen.

Ein Kind, das in der Liebe und Geborgenheit einer Familie aufgewachsen ist, wird normalerweise das Wissen und Verständnis um die meisten Ereignisse im Leben dieser Familie haben. Solche Informationen und das Wissen nicht zu haben kann zu Konfusion, Unglücklichsein und Elend führen.

Oft ist ein sehr reales Gefühl der Leere vorhanden. Manche Kinder sprachen über eine »physische Leere«; andere über einen inneren »Knoten«. Wissen kann eine Leere füllen; Verstehen kann eine meist irrationale Angst zerstreuen und den Knoten lösen. Wir wissen von Erwachsenen, die als Babys adoptiert wurden, dass das zufällige Stolpern über die Tatsache, adoptiert zu sein, im späteren Leben eine verheerende Wirkung haben kann. Das feste Fundament, auf das ihr Leben gebaut war, verwandelte sich plötzlich in Sand. Besser ist es, als Kind allmählich mit der Realität konfrontiert zu werden und diese zu bewältigen.

Wenn es darum geht, dem Kind den Grund für seine Misshandlung zu erklären, ist dies keine einfache Aufgabe; Lügen sollten dennoch vermieden werden.

Einem jüngeren Kind braucht man im Anfangsstadium nur wenige Details zu sagen, man bietet ihm aber mit zunehmendem Alter allmählich mehr Einzelheiten in Antworten auf Fragen. Kinder fragen meist nach dem, was sie wissen wollen, und nicht nach dem, was man ihnen erzählen will. Hören Sie sorgfältig auf die Fragen und antworten Sie darauf, was das Kind gefragt hat. Kay Donley sagt, dass die gegebene Information altersangemessen sein soll.

David wurde aus der Obhut seiner Mutter genommen, weil festgestellt wurde, dass sie ihn vernachlässigte. Sie war weder gemein oder böse, mehr ein Opfer der Umstände. Bevor wir mit David darüber sprachen, hatten wir von ihr einen Stammbaum erhalten. Dadurch kam ihre eigene, unglückliche Kindheit ans Licht. Sie erzählte von dem Kampf allein mit David in einem möblierten Zimmer, eine Siebzehnjährige ohne Unterstützung und mit wenig Geld.

Als wir das verstanden, sprachen wir miteinander im Team darüber, wie wir die Ereignisse David erklären sollten. Das erzählten wir ihm:

Monika, deine leibliche Mutter, hatte eine unglückliche Kindheit; sie verbrachte selbst einige Zeit in einem Kinderheim. Als du geboren wurdest, lebte sie eine Zeit lang mit ihrer Mutter, entschied sich aber zu versuchen, mit dir allein in einem möblierten Zimmer zu wohnen. Sie war ganz auf sich gestellt, ohne jede Hilfe. Manchmal, wenn sie einsam war, ging sie aus und ließ dich allein zurück. Andere Male, wenn du schriest, wie es alle kleinen Kinder tun, schlug sie dich zu fest und fügte dir blaue Flecken zu. Sie war kein böser Mensch, aber sie wusste nicht, wie man kleine Kinder versorgt.

Wenn Kinder wissen, dass sie während ihrer Kindheit ungehindert Fragen über die Vergangenheit stellen können, wird man eine große Quelle potenzieller Schwierigkeiten beseitigt haben. Die Vergangenheit wird nicht länger ein Mysterium sein, worüber nicht geredet wird. Man hat sie dahin gebracht, normal zu sein, alltäglich und gewöhnlich.

Kinder, die sehr viele Trennungen erlitten haben, werden sich selbst die Schuld geben und glauben, böse zu sein. Waren ihre Eltern »böse«, muss das bedeuten, sie haben diese »Bösartigkeit« geerbt; sie können auch glauben, dass sie die Ursache der »Bösartigkeit« ihrer Eltern waren. Wenn man dem Kind helfen kann, die Ereignisse und Umstände der Vergangenheit zu verstehen, wird es eine Weile dauern, die tiefen Wunden der Verletzungen zu heilen, die es erlitten hat.

Was ist, wenn das Kind anfängt, das Interesse an der Biografiearbeit zu verlieren?

Im Laufe der Biografiearbeit wird das Interesse des Kindes von Zeit zu Zeit abnehmen. Unsere Beispiele in diesem Buch sind ausgewählte Höhepunkte. Wir haben viele Sitzungen verbracht, in denen es scheinbar nur wenig voranging. Das muss nicht zum Problem werden.

Es wird Perioden geben, in denen während der Sitzungen nicht viel gesagt oder getan wird. Wenn man jede Woche oder vierzehntägig zur gleichen Zeit kommt, wird man wenig Kontrolle darüber haben, in welcher Stimmung das Kind ist. Forciert man die Geschwindigkeit, wird die Biografiearbeit unangenehm für das Kind werden, und das ist nicht das, was man will. Wenn man mit dem Kind zusammenlebt, wird es sicher möglich sein, Momente des gemeinsamen Arbeitens auszusuchen, in denen das Kind offen dafür ist, es kann aber auch Perioden geben, in denen die Arbeit sehr langsam vorangeht.

Man braucht während der ganzen Zeit, in der man ein Kind betreut, jemanden, mit dem man sich besprechen kann, dies ist besonders notwendig, wenn man deprimiert ist. Einige Spieltechniken kann man nach der Erörterung mit Kollegen und Freunden, die einen unterstützen, einsetzen (siehe Kapitel 9).

Was tun, wenn das Kind sich zurückentwickelt?

Wir sagten bereits, dass das Verhalten des Kindes während der Biografiearbeit regredieren kann, bis es eher zu dem eines jüngeren Kindes passt. Darauf sollte man vorbereitet sein. Regression kann in einer ganzen Bandbreite und Vielzahl von Formen auftreten. Einnässen und Einkoten, Temperamentsausbrüche, Ruhig- und In-sich-gekehrt-Sein sind nur einige davon.

Ein zwölfjähriger Junge forderte, jeden Abend ins Bett getragen zu werden. Dies änderte sich Schritt für Schritt zu »ins Bett gejagt« werden, schließlich ging er »normal« ins Bett. Während dieses Zeitraums zeigte er auch Probleme in der Schule: lautes Herausschreien in der Klasse, Kritzeln in seinem Übungsheft, wann immer seine Arbeit kritisiert wurde. Seine Pflegeeltern schätzten sein Entwicklungsalter in diesem Zeitraum als das eines Sechsjährigen.

Solche Regression ist zu erwarten. Es ist eine normale Reaktion. Die Zurückentwicklung ist gewöhnlich von kurzer Dauer, und aus ihr kommt ein heilsames Wachstum. Es ist wichtig zu wissen, dass das Kind vielleicht regrediert und man während schwieriger Zeiten vielleicht Hilfe braucht – als Pflegeeltern von anderen Pflegeeltern oder als beteiligter Sozialarbeiter von Kollegen.

6. Dem Kind helfen, über Gefühle zu sprechen

Bei der Arbeit wird man merken, dass das Kind die Geschwindigkeit bestimmt. Einiges von dem, was aufgedeckt wird, wird für beide Seiten bedrückend sein. Wenn man nicht weiß, wie man auf dieses Leid mit Worten reagieren soll, hilft körperliche Zuwendung oder ein mitfühlendes Lächeln dem Kind zu merken, dass man auf seiner Seite ist und davon weder durch es selbst noch durch seine Vergangenheit abgebracht wird.

Wir stellten die Notwendigkeit fest, von Anfang an zu vermitteln, dass man sich darüber bewusst ist, dass das Kind gute/schlechte, glückliche/traurige und positive/negative Gefühle hat. Es ist wichtig, dem Kind das Bewusstsein zu vermitteln, dass das Sprechen sowohl über die guten als auch über die schlechten Gefühle ungefährlich ist.

Es gibt Methoden, die wir hilfreich fanden, um zeigen zu können, dass man diese gegensätzlichen Gefühle akzeptiert. Versuchen Sie, es für Kinder interessant und auch angenehm zu gestalten, sich auszudrücken, indem Sie sie dafür gewinnen, Dinge zu tun und Bilder zu malen. Wir beschreiben hier, wie wir mit Zeichnungen gearbeitet haben, um Kindern auf eine ungefährliche Art und Weise über ihre Gefühle sprechen zu helfen. In ihrem Buch *Gestalttherapie mit Kindern und Jugendlichen* zeigt und beschreibt Violet Oaklander viele weitere hilfreiche Ideen, die Kindern helfen können, solche Emotionen auszudrücken.

Das Benutzen von Fragebögen

Ein »Fragebogen« ist eine Anzahl von Fragen oder unvollendeten Sätzen, die das Kind beantworten, über die es sprechen oder auf die es reagieren kann (siehe Beispiel). Ein Fragebogen kann in den frühen Stadien der Biografiearbeit mit einem Kind in vielerlei Hinsicht hilfreich sein.

Ich mag mein ....

Ich hasse es, wenn ....

Ich habe Angst vor ....

Mein Gesicht zeigt ein breites Lachen, wenn ....

Ich hasse es, ... zu essen.

Ich hoffe, dass ....

Durch die strukturierte Art des Fragebogens werden weniger Forderungen an das Kind gestellt, aus sich herauszugehen und erfinderisch zu sein. Besonders hilfreich ist er deswegen für Kinder, die es nicht gewöhnt sind, ihre Gedanken aufzuschreiben oder deren Fähigkeit zu schreiben begrenzt ist. Für solche Kinder und für die, die Schwierigkeiten haben, sich auszudrücken, kann die Fragebogenmethode als Einstieg benutzt werden, um ein Lebensbuch oder -video zu machen, und könnte in den Anfang eines Lebensbuches einbezogen werden.

Die Struktur der Fragebögen bleibt Ihnen selbst überlassen. Man kann attraktiv gestaltete Fragebogenbücher auch kaufen. Sie heißen z. B. »Meine Freunde« und sind unter der Fachbezeichnung ›Poesiealbum mit Druck‹ in Schreibwaren- und Geschenkartikelgeschäften erhältlich.

Einige davon sind lediglich Listen mit Fragen, die sich einfühlsam von relativ neutralen Fragen wie:

Was ist deine Lieblingsfarbe?
Welche Farbe gefällt dir nicht?,

allmählich zu heikleren Fragen weiterentwickeln wie:

Welchen Mensch magst du am liebsten?
Welchen Mensch magst du am wenigsten gern?
Welche Person kannst du überhaupt nicht ausstehen?

Diese Fragen bringen Kinder dazu, Aussagen über sich selbst zu machen. Sie machen sie vertraut damit, negative und positive Aussagen über sich selbst zu äußern und sie erhalten außerdem die Botschaft, dass man an ihnen interessiert ist.

Manche Fragebogenbücher sind anders strukturiert und lassen mehr Kreativität zu. Sie können zum Beispiel eine leere Seite enthalten mit der Überschrift »Das ist ein Bild der Person, die ich am meisten mag« oder »So sehe ich mich selbst«, was die Kinder ermutigt, Bilder zu malen, die Aspekte von ihnen selbst oder ihren Hoffnungen und Ängsten ausdrücken.

Man kann seinen eigenen Fragebogen entwerfen, indem man das Kind ermutigt, den Umschlag mit Fotos, Zeichnungen, kunstvoller Schrift oder Aufklebern zu gestalten. Entwirft man ein Fragebogenbuch, kann man Bereiche einbringen, die hilfreich für das Kind sein werden. Wenn man mit einem Kind arbeitet, das anscheinend ein völlig negatives Bild von sich selbst hat, ist es eine einleuchtende Idee, negative Aussagen gänzlich zu vermeiden. So wird das fertig gestellte Fragebogenbuch nur positive Aussagen über das Kind enthalten.

Um dem Kind zu helfen, über die Zukunft nachzudenken, können Fragebogenbücher folgende Fragen enthalten:

Wenn ich groß bin, werde ich in .... leben.
Wenn ich dieses Kinderheim verlasse, werde ich mich .... fühlen.
Wenn ich in eine neue Familie komme, wird mir das zu .... verhelfen.

Die Möglichkeiten sind endlos. Man sollte trotzdem nicht vergessen, dass diese Fragebögen nur eine Methode zum Herauslocken von Informationen sind. Sie sind kein Ersatz für Biografiearbeit, die ein freieres Gespräch zulässt und eine weitreichendere Sichtweise als Fragebögen.

Beim Verwenden von Fragebögen vermeiden wir den Versuch, die Antworten des Kindes zu interpretieren. Die Antworten auf manche Fragen mögen sehr bedeutsam sein oder so erscheinen, sie aber in einem frühen Stadium zu vertiefen würde manche Kinder beunruhigen und sie davor zurückschrecken lassen, ihre innere und private Welt zu öffnen und zu enthüllen. In anderen Worten, man darf nicht zu früh drängen.

Das Verwenden von Bildern, um dem Kind zu ermöglichen, über Gefühle zu sprechen

Man lädt das Kind ein, ein Bild zu malen: von sich selbst und den Dingen, die es am liebsten mag und die es glücklich machen. Man ermutigt es, diese glücklichen/angenehmen Dinge zu beschriften oder Ihnen eine Beschriftung zu diktieren. Versuchen Sie es nicht zu lenken, und suchen Sie nicht nach verborgenen Bedeutungen. Die Aktivität sollte einfach sein und die eigenen Worte des Kindes wiedergeben.

Ist das Bild zur Zufriedenheit des Kindes fertig gestellt, schlagen Sie vor, dass es ein Bild von etwas malt, das es hasst oder wütend macht. Gewöhnlich bestreiten Kinder, dass sie irgendetwas wütend oder traurig macht oder dass es etwas gibt, das sie hassen. Oft war es nicht ungefährlich, diese Gefühle zu zeigen, deswegen ist das Abstreiten davon normal. Man sollte nicht darauf drängen.

Manche Kinder antworten mit »ungefährlichen« Abneigungen.

Ein sechzehnjähriges Mädchen schrieb »Ich mag nicht dieses gelbe Zeug in der Schule«. Wir fanden später heraus, dass sie den Mais meinte, der gelegentlich beim Essen in der Schule serviert wurde. Man könnte eine Aufzählung »ungefährlicher« gehasster Sachen anregen, wie etwa Kohl, Pflaumen oder »dieses gelbe Zeug«.

In diesem Stadium zeigen Sie, dass Sie sich bewusst sind, dass das Kind positive und negative Gefühle hat und dass man beides bedingungslos akzeptiert. Manchmal gibt es Widerstand gegen das Malen von Bildern, aber wir haben mit der Fragebogenmethode und dem glücklich/traurigen Gesicht erfolgreich »das Eis gebrochen«.

Das glückliche/traurige Gesicht

Dieses Gesicht ist aus zwei Papptellern gemacht. Einer ist in der Hälfte durchgeschnitten und in den anderen hineingeschoben, sodass er verändert werden kann.

Das Kind – oder Sie – kann ein glückliches Gesicht auf den ganzen Teller malen. Dann wird der halbe Teller umgeklappt und darauf auch ein ärgerliches oder trauriges Gesicht gemalt. Damit ist es möglich zu fragen »Wer bist du heute? Bist du Frau Glücklich oder Frau Traurig?«.

Wir haben den Pappteller auch verwendet, wenn wir das Kind aufforderten zu beschreiben, wie sich »das Gesicht« innen fühlen könnte. Kann das Kind das tun, schreiben wir seine Kommentare auf die »Gefühlskarten« (siehe S. 54). Diese Phase sollte man nicht überstürzen, besonders nicht zu Beginn der Arbeit mit dem Kind.

»Gefühlskarten«

Um Gefühle ausdrücken zu können brauchen Kinder ein Repertoire von Worten, bei deren Benutzung sie sich wohl fühlen. Es kann schwierig sein, Wörter zu finden, um diese Gefühle zu beschreiben, weil das Kind sich sträuben wird, die Existenz solcher Emotionen einzugestehen. Vera Fahlberg entwickelte den Gebrauch von »Gefühlskarten«. Das ist ein Satz von Karten, bei denen auf jeder ein einfaches Wort ist, welches einen bestimmten emotionalen Zustand beschreibt.

Wir haben diese Idee aufgegriffen und mit einzelnen Kindern und Kindergruppen benutzt. Die anfängliche Einführung dieser Worte machten wir in einem Spiel. Das Kind (oder die Kinder) wird ermuntert, Wörter zu nennen, die ein Gefühl beschreiben und diese Wörter werden auf leere Karten geschrieben. Die Wörter könnten zum Beispiel sein: gut, böse, glücklich, traurig, miserabel, fröhlich, freundlich, grausam. Sobald genügend Wörter gesammelt sind, geht das »Spiel« weiter, indem das Kind ein passendes Gesicht zu jedem »Gefühlswort« malt (s. S. 55).

Diese Übung ist hilfreich, weil sie Kinder mit gefühlsbetonten Worten vertraut macht und nach und nach sensibilisiert, diese Worte zu benutzen, um ihre Gefühle bei Situationen und Ereignissen zu beschreiben. Die potenzielle Drohung und Gefahr, die Kinder beim Versuch des Ausdrückens solcher Gefühle vielleicht erfahren, wird durch das Einführen dieser Methode vermieden.

Spricht man zum Beispiel später über einen Zwischenfall in der Vergangenheit des Kindes, können die Karten ausgelegt und das Kind dazu aufgefordert werden, eine Karte herauszusuchen, die seine Gefühle während dieser Zeit beschreibt. Diese Methode könnte benutzt werden, wenn ein Kind beschreibt, wie es sich beim Verlassen einer bestimmten Pflegefamilie fühlte, und vielleicht, welche Gefühle es diesbezüglich jetzt hat. So können vergangene Traumata oft nach und nach überwunden werden.

Man kann während der gemeinsamen Arbeit von Zeit zu Zeit auf die Karten zurückverweisen und das Kind fragen, ob es mehr Wörter hinzufügen will. Ein hilfreiches Wort ist »durcheinander«. Es beinhaltet eine Reihe von Gefühlen und kann ein Ersatz für eine stärkere Emotion wie etwa »zornig« sein, die das Kind, besonders im Anfangsstadium, noch nicht zu verwenden bereit ist.

Was wird das Kind von diesen Sitzungen bekommen?

Man darf nicht enttäuscht von dem sein, was in diesem Stadium als Mangel emotionaler Reaktion erscheint. Das Malen der Gut-Böse-Bilder hat eine Wirkung, die erst viel später in der Biografiearbeit sichtbar werden wird.

Jegliche Interpretation der Bilder sollte vermieden und der Standpunkt des Kindes akzeptiert werden, dass es nicht an etwas denken kann, was es durcheinander bringt. Wenn es ein kleines Stück von seinem Inneren aufdeckt, geht man bei diesem Treffen nicht darauf ein, merkt es sich aber, um später darauf zurückzukommen. Wenn zum Beispiel ein Kind anfängt, von Gefühlen des Verlustes zu erzählen, könnte man sagen: »Weißt du noch, als du ein glückliches Bild gemalt hast und dir nichts vorstellen konntest, was dich durcheinander machte? Ich denke, du bist durcheinander, weil Anne bei deiner leiblichen Mutter Monika lebt und du nicht.«

7. Einige Elemente eines Lebensbuches

Es gibt verschiedene Elemente, die in ein Lebensbuch aufgenommen werden können. Wir zählen sie hier auf und besprechen sie dann im Einzelnen.

Woher ich komme

Meine Geburtsurkunde

Mein Stammbaum

Meine eigene Landkarte

Meine Lebensgrafik

Besuch der Vergangenheit

Fotografien von mir

Wir illustrieren mit einigen Beispielen aus dem Lebensbuch von »David«, wie diese Elemente funktionieren. Er machte es mit einem von uns vor einigen Jahren, als er acht war.

Woher ich komme

Wir nahmen früher an, dass die meisten Kinder wissen, woher Babys kommen. Heute wissen wir, dass das nicht der Fall ist und dass man herausfinden muss, wie viel das Kind schon weiß, bevor man darüber spricht. Ratgeber und Aufklärungsbücher z. B. von Pro familia oder aus der Bücherei können notwendige anschauliche Hilfen geben, um den Zeitraum von der Empfängnis bis zum ersten Geburtstag darzustellen.

Glücklicherweise wusste David, dass ein Baby im Bauch seiner Mutter wächst, und deshalb war es einfach zu erklären, dass er in

Monikas (seiner leiblichen Mutter) Bauch zu wachsen begann, nachdem Hans seinen Samen dazugegeben hatte.

In diesem frühen Stadium wird man improvisieren und die Details später einfügen müssen, weil Fotografien von Verwandten, Pflegeeltern und anderen meistens langsam eintreffen.

Vom Krankenhaus, in dem das Kind geboren wurde, wird man den Zeitpunkt der Geburt und das Geburtsgewicht bekommen. Einem älteren Kind kann man diese Information direkt weitergeben, aber ein jüngeres braucht Hilfe, um sie zu verstehen. Das Kind kann ein Zifferblatt malen, das den Zeitpunkt der Geburt zeigt und die Entsprechung des Geburtsgewichtes zum Beispiel in Zuckerpaketen in das Buch kleben.

Das Kind kann Bilder von sehr kleinen Kindern malen oder sammeln und ihnen Überschriften geben. Zum Beispiel:

Das ist meine Zeichnung von einem Baby mit sechs Monaten. So könnte ich ausgesehen haben.

Ich hatte meine erste Geburtstagsfeier in der Eichendorffstraße, wo ich mit meinen leiblichen Eltern Hans und Monika lebte.

Meine Geburtsurkunde

Als wir anfingen, mit Kindern Biografiearbeit zu machen, nahmen wir eine Fotokopie ihrer Geburtsurkunde, um den Teil über ihre Geburt zu vervollständigen. Wir dachten, es wäre nur von vorübergehendem Interesse für sie. Auf den großen Effekt, den es hatte, waren wir nicht vorbereitet. Jetzt nimmt es gewöhnlich eine ganze Sitzung in Anspruch. Für Kinder ist es von immensem Interesse und kann zahlreiche Fragen provozieren. Auch kleine Kinder, die nicht lesen können, scheinen die Wichtigkeit für sich zu begreifen: dass dokumentarisch sichtbar ist, dass sie geboren wurden und eine Identität haben, die ihnen niemals weggenommen werden kann.

Die Geburtsurkunde kann auf Adoptiv- oder Pflegeeltern zugleich einen zeitweise beunruhigenden Effekt haben. Für sie ist es ebenfalls ein dokumentarischer Beweis, dass sie nicht die leiblichen Eltern ihres Kindes sind. Falls man selbst in dieser Position ist, sollte man sich erinneren, dass Elternschaft mehr bedeutet, als ein Kind zur Welt zu bringen, und nur, wenn Sie in der Lage sind, die Fakten der Geburt Ihres Kindes zu akzeptieren, wird es sich von Ihnen als neue Eltern akzeptiert fühlen.

Wer ist wer

Es ist inzwischen bekannt, dass die permanente, stabile Kernfamilie nicht die einzige Familiensituation ist, in die Kinder geboren werden und in der sie aufwachsen. Egal, welche Argumente dafür und dagegen sprechen, es hat zweifellos zur Folge, dass Kinder viel komplexere Beziehungen verstehen und auf sich übertragen müssen, als das früher der Fall war. Es ist nicht ungewöhnlich, im Familienverband Geschwister zu haben, bei denen die Blutsverwandtschaft nur durch einen Elternteil besteht.

Man muss bedenken, dass Familiensituationen nicht statisch bleiben und die Eltern eines Kindes, das seine Herkunftsfamilie verlässt, neue Beziehungen eingehen können, in die neue Partner ihre Kinder mitbringen. In der neuen Beziehung könnten auch weitere Kinder geboren werden, sodass das getrennt lebende Kind neue Halb-Geschwister bekommt.

Es ist nicht ungewöhnlich, dass diese Situationen das Kind, mit dem man arbeitet, verwirren und Gefühle von Neid oder Groll gegenüber den Geschwistern wecken, die in der leiblichen Familie geblieben oder geboren worden sind.

Oft ist es hilfreich, diese Gefühle in einer Gruppensitzung zu untersuchen, bei der alle Kinder den gleichen Hintergrund haben (siehe auch Kapitel 11). Das hilft dem Kind zu verstehen, dass seine Familiensituation nicht abnormal ist und dass seine Gefühle und mögliche Verwirrtheit von anderen Kindern in der gleichen Situation geteilt werden.

Für ein Kind ist es wichtig, den Charakter seiner Beziehung zu allen Personen seiner Herkunftsfamilie zu begreifen und, wenn möglich, ihren Verbleib und ihre gegenwärtige Situation.

In unserer Beratung Erwachsener, die als Kinder adoptiert wurden, sind wir immer wieder dem Zorn und der Verletzung begegnet, die aus der Entdeckung des Erwachsenen resultieren können, Brüder und Schwestern zu haben, deren Existenz ihm als Kind verschwiegen wurde.

Als nützliche Anschauungsmaterialien, um die Beziehungen eines Kindes zu Geschwistern, Halbgeschwistern und wichtigen Erwachsenen in ihrer leiblichen Familie zu erklären, haben sich Umweltkarten (s. S. 81), Stammbäume (s. S. 62) und Diagramme erwiesen.

Wir leben in einer Ära der Fortsetzungsmonogamie, in der eine von drei Ehen geschieden wird. Viele Leute gehen eheähnliche Beziehungen ein, die beständig sind und in denen sie Kinder haben. Aber auch manche dieser Beziehungen enden schließlich. Mit der Zeit kann es ein verwirrendes Geflecht von Geschwistern, Halbgeschwistern und Stiefgeschwistern geben. Man sollte daran denken, dass diese Familiengeflechte weder abnormal noch ungewöhnlich sind und es für Kinder wichtig ist, dies zu verstehen. Wir fanden heraus, dass das Betrachten der Komplexität der Familienbindungen nützlich in die Gruppenarbeit mit Kindern integriert werden kann (s. S. 96). Dabei kann Kindern bewusst werden, dass es Ähnlichkeiten mit den Erfahrungen von anderen Kindern gibt, obwohl ihr eigenes Leben einzigartig ist.

Die folgende Illustration haben wir in unserer Arbeit mit Kindern entwickelt, um ihnen und uns verstehen zu helfen, wie sich das Familiengefüge darstellt und die Verwandschaftsbeziehungen entwickelten. Obwohl wir versuchten, diese Illustration sehr einfach zu halten, zeigt sie, dass Familienverhältnisse sehr schnell kompliziert werden und schwierig zu verstehen sind, wenn sie das als üblich empfundene Modell eines verheirateten Paares mit zwei Kindern durchbrechen. An dieser Stelle soll noch betont werden, dass das Familienmodell, das regelmäßig in den Medien und besonders im Fernsehen gezeigt wird, in der Realität ein Mythos ist. Das hier skizzierte Modell ist vielleicht näher an der Norm, als es sich die meisten von uns klarmachen.

Maria und Klaus lernten sich kennen, als sie 17 Jahre alt waren.

Maria wurde schwanger und bekam Michael. Klaus war Michaels Vater. Klaus sagte, er sei zu jung zum Heiraten, und er und Maria trennten sich. Maria besuchte oft zusammen mit Michael Klaus'« Mutter (Michaels Großmutter).

Als Michael zwei Jahre alt war, lernte Maria Peter kennen, und sie begannen, miteinander auszugehen.

Peter hatte fünf Jahre mit Angela zusammen gelebt und sie hatten zwei Kinder, Anna und Carmen. Peter und Angela hatten sich sechs Monate, bevor Peter Maria kennen lernte, getrennt.

Peter und Maria heirateten im Mai 1980. Peter wurde Michael's Stiefvater.

Peter und Maria hatten zwei Kinder, Lisa und Sven.

Maria sagte Michael, dass Lisa und Sven seine Halbgeschwister seien.

Anna und Carmen waren Lisas und Svens Halbschwestern und Michaels Stiefschwestern.

Wir zeigen hier, wie die Familienverbindungen aussehen würden.

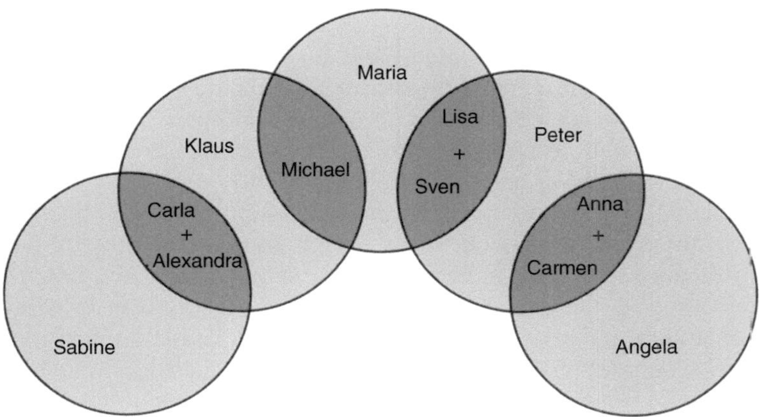

Wir haben eine Grauabstimmung vorgenommen, um Blutsverwandtschaft erkennbar zu machen. Möglicherweise brauchen Kinder die Versicherung, dass sie nicht blutsverwandt mit einem wichtigen Erwachsenen sein müssen, um geliebt zu werden. Bei Michael wurde das Modell leider dafür benutzt, ihm verstehen zu helfen, warum Peter ihn anders behandelte und schließlich ablehnte.)

Unterdessen hatte Klaus, Michaels Vater geheiratet und wurde Vater von zwei Kindern, Carla und Alexandra. Michael sah seine Halbgeschwister gewöhnlich bei seinen Großeltern (Klaus' Eltern).

Wenn wir dem Kind helfen, dieses Familiengeflecht zu verstehen, mit ihm darüber sprechen und ergründen, was wichtig für es ist, befähigen wir es im Treffen von Entscheidungen über Kontakte. Als in der Vergangenheit elterlicher Kontakt zu einem Kind beendet wurde, schloss dies fast automatisch Geschwister, Großeltern und wichtige Erwachsene wie Tanten und Onkel ein. Aussagen Erwachsener, die in Beratung sind und die in der Kindheit von ihren Geschwistern getrennt wurden, deuten an, dass sie sich dieser Kindheitserfahrung beraubt fühlen.

Mein Stammbaum

Die leibliche Familie ist, wie schon erwähnt, die beste Informationsquelle, um einen Stammbaum zu machen. Wir halten seine Erstellung und das Zeigen des Platzes, den das Kind darin einnimmt, für sehr wichtig.

Die Kenntnis der gesamten Familie kann für Kinder schmerzlich sein, weil es unterstreicht, dass sie von ihrer Herkunftsfamilie und ihren Vorfahren abgeschnitten sind. Dennoch kann es auch eine große Hilfe für Kinder sein, um einige Ereignisse zu verstehen, die zu dem Verlust ihrer Familie führten.

Beim Arbeiten an diesem Stammbaum konnte der neunjährige Tim anfangen zu verstehen, warum er als Zweijähriger fremduntergebracht wurde, misshandelt und vernachlässigt. Er begriff, dass seine Mutter zum Zeitpunkt seiner Geburt sechzehn Jahre alt war und dass sie selbst auch »in Pflege« war. Tim lebte in einem großen Kinderheim, in dem mehrere sechzehnjährige Mädchen waren. Er begann zu begreifen, dass seine Mutter nicht böse oder grausam war, sondern nur sehr jung und schlecht darauf vorbereitet, ihm eine Mutter zu sein.

Wir wissen, dass heutige Familienstrukturen mannigfaltig sind; es kann dem Kind helfen, seine eigene Situation zu akzeptieren, wenn es weiß, dass es solche Variationen gibt. Eine von drei Ehen wird geschieden, und eines von fünf Kindern lebt bei einem allein erziehenden Elternteil. Biografiearbeit sollte deswegen nicht versuchen, ein dem Kind fremdes Modell von Familienleben darzu-

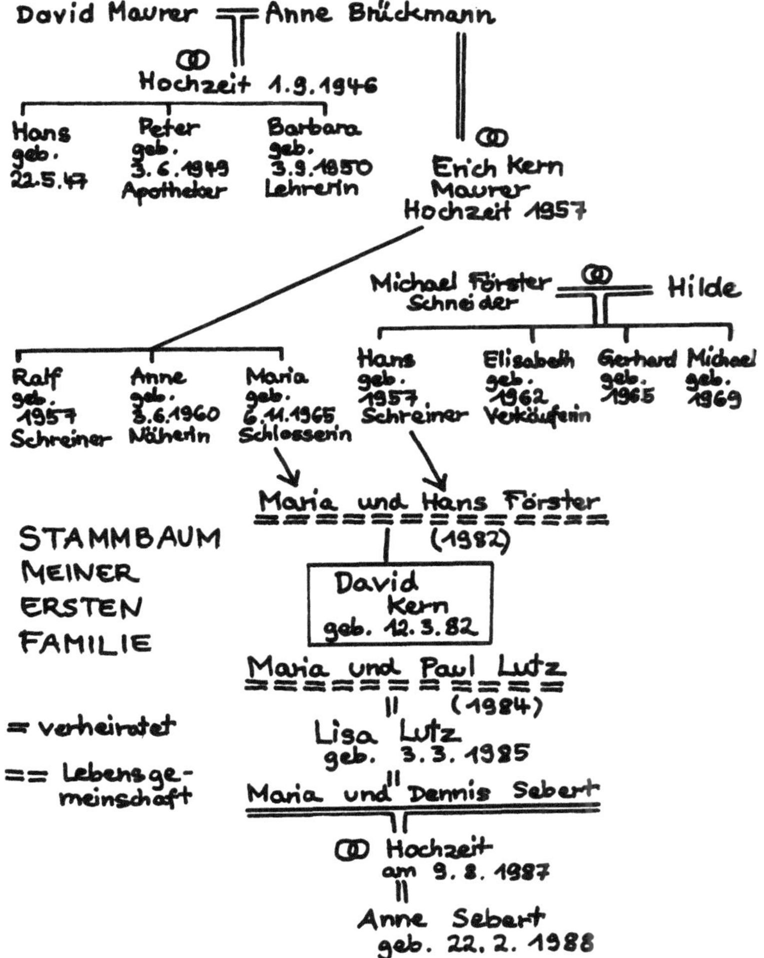

stellen, das von den in der Gesellschaft existierenden Modellen entfernt ist.

Wie man in dem Stammbaum sehen kann, ging Davids Mutter drei Beziehungen ein, bevor sie sich ein beständiges Leben aufbaute. Häufig kommen Kinder aus solchen sich verändernden Haushalten, in denen es nach ihrem Weggang weitere Entwicklungen gab. Diese komplizierten Beziehungen können eine zusätzliche Stressquelle für das Kind sein, weil die Veränderungen schwer nachzuvollziehen sind.

Wird angestrebt, das Kind zurück in die Herkunftsfamilie zu entlassen, ist es wichtig sicherzustellen, dass es um die stattgefundenen Veränderungen weiß und diese begreifen kann. Wenn das Kind nicht in die leibliche Familie zurückkehrt und die Veränderungen in der Familie einer der Gründe dafür ist, muss das Kind begreifen, warum. David zum Beispiel war ärgerlich, weil seine Halbschwester Lisa bei seiner Mutter lebte und er nicht. Es hatte einen erfolglosen Versuch gegeben, ihn zurück zu seiner Mutter zu entlassen, aber die Veränderungen innerhalb seiner Familie zeigten, dass diese sich nicht an ein älteres Kind gewöhnen konnte.

Meine eigene Landkarte

Wir benutzen diese Erfindung, um dem Kind ein Gefühl für die räumlichen Veränderungen im Leben zu geben (S. 65). Gemeinsam mit dem Kind markieren wir die Umzüge der leiblichen Familie und die eigenen räumlichen Veränderungen des Kindes, seit es diese verlassen hat. Oft beginnen wir mit dem geographischen Gebiet, in dem die leibliche Mutter geboren wurde und lebte. Diese Landkarte kann dem Kind helfen, einen Teil seiner oder ihrer eigenen Lage zu verstehen, wenn zum Beispiel auch die Mutter eine instabile Kindheit mit vielen Veränderungen hatte.

Beim gemeinsamen Arbeiten an einer »Landkarte« ist es wichtig zu beachten, dass ein Kind, das getrennt von seiner Herkunftsfamilie lebte, einen anderen Zeitbegriff als man selbst haben wird. Wir merkten, dass ein Kind die Dauer der letzten Schulferien begreifen kann, darauf kann man aufbauen. Trotzdem ist es möglich, dass es sehr wenig bedeutet, wenn man sagt: »Du hast zwei Jahre lang mit deiner Mutter in dieser Stadt gelebt.«

Meine Lebensgrafik

Der Vater einer unserer neuen Familien entwickelte eine Lebensgrafik (siehe S. 67). Es ist ein simples Diagramm, das dem Kind, dem Sozialarbeiter und den neuen Eltern hilft, die Veränderungen

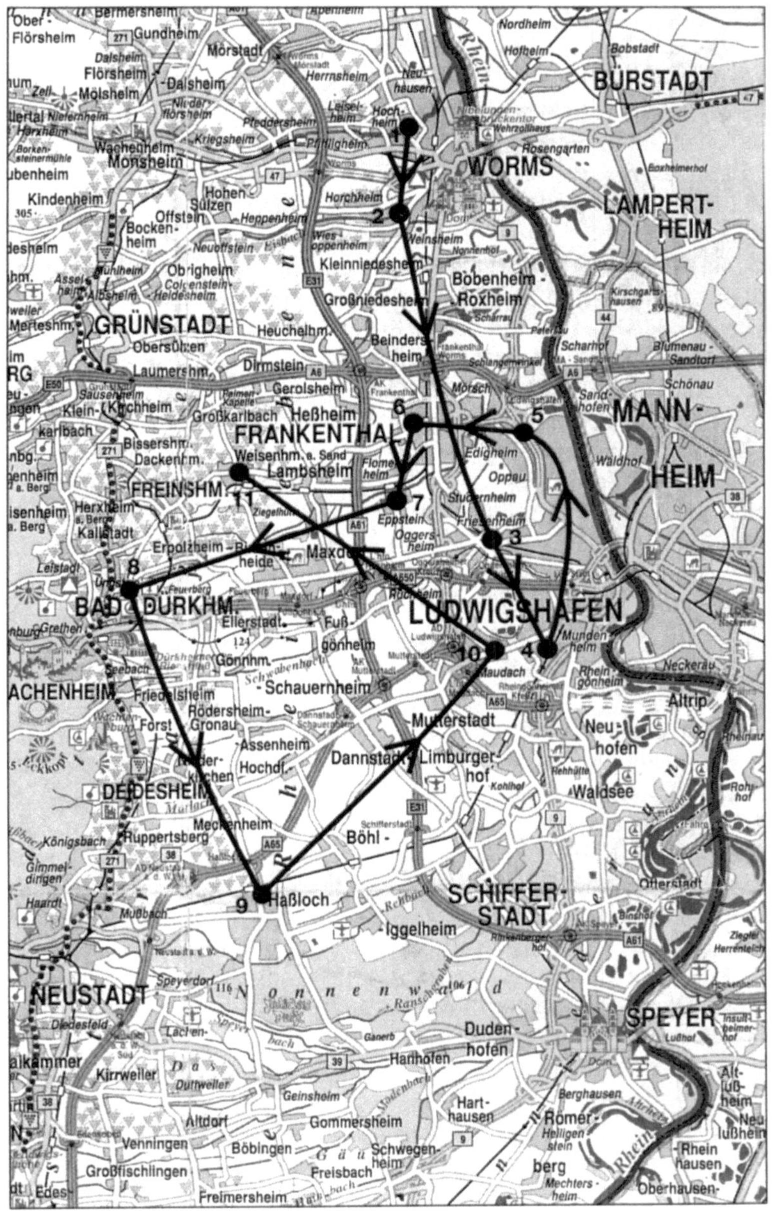
Ober-Flörsheim
Gundheim
Dalsheim
Mörstadt
Flörsheim
Mölsheim
Herrnsheim
Neuhausen
Nordheim
Hofheim
Bobstadt
BÜRSTADT
Pfeddersheim
Leiselheim
Hochheim
Wachenheim
Monsheim
Kriegsheim
Pfiffligheim
Rosengarten
WORMS
Rhein
Kindenheim
Hohen-Sülzen
Offstein
Horchheim
Heppenheim
LAMPERT-HEIM
Bockenheim
Neuoffstein
Wiesoppenheim
Weinsheim
Obrigheim
Kleinniedesheim
Bobenheim-Roxheim
Großniedesheim
GRÜNSTADT
Heuchelheim
Beindersheim
Scharhof
Blumenau-Sandtorf
Laumersheim
Dirmstein
Gerolsheim
Schönau
Sandhofen
MANN-HEIM
Klein-Kirchheim
Großkarlbach
Heßheim
FRANKENTHAL
Bissersheim
Dackenheim
Weisenheim a. Sand
Lambsheim
Edigheim
Waldhof
Oppau
FREINSHM.
Herxheim
Kallstadt
Eppstein
Studernheim
Friesenheim
Oggersheim
Erpolzheim
Maxdorf
BAD DÜRKHM.
LUDWIGSHAFEN
Ellerstadt
Fußgönheim
Mundenheim
Gönnhm.
Maudach
Rheingönheim
Neckarau
Schauernheim
ACHENHEIM
Friedelsheim
Rödersheim-Gronau
Altrip
Forst
Mutterstadt
Neuhofen
Assenheim
Niederkirchen
Hochdf.
Dannstadt
Limburgerhof
DEIDESHEIM
Waldsee
Meckenheim
Ruppertsberg
Königsbach
Böhl
Gimmeldingen
Haardt
Haßloch
SCHIFFER-STADT
Iggelheim
Otterstadt
NEUSTADT
Speyerdorf
Nonnenwald
SPEYER
Lachen
Dudenhofen
Hanhofen
Kirrweiler
Duttweiler
Geinsheim
Hart-hausen
Berghausen
Altdorf
Gommersheim
Römerberg
Venningen
Böbingen
Schwegenheim
Großfischlingen
Freisbach
Rheinhausen
Freimersheim
Edesheim
Oberhausen
A6
A61
A65
E31
1
2
3
4
5
6
7
8
9
10
11

im Leben des Kindes zu verstehen. Als wir anfingen, die Lebensgrafik zu benutzen, stießen wir bei den Kindern auf Widerstand gegen die Arbeitsweise, die wir als logische Reihenfolge sahen, nämlich von der Geburt an bis zu dem heutigen Tag. Für die Kinder war das nicht logisch. Für sie war es einfacher, rückwärts zu gehen, beginnend bei der Gegenwart. David entschied sich, die schmerzhafte jüngste Vergangenheit bis zum Schluss zu lassen (siehe S. 67).

Sie können die Eintragungen wieder mit Bleistift vorschreiben, damit sie das Kind mit Tinte überschreiben kann. Das Benutzen verschiedener Stifte für das farbige Markieren der unterschiedlichen Arten der Unterbringung (bei leiblichen Eltern, Pflegeeltern, etc.) kann die Grafik klarer machen.

In der Lebensgrafik wird es schmerzvolle Ereignisse geben, über die zu sprechen die Kinder zunächst lieber vermeiden werden. Sie werden aber eventuell darauf zurückkommen, wenn sie sich stärker und sicherer fühlen. Wir bereiten Lebensgrafiken immer mit Bleistift vor und führen sie ein, wenn wir über die Geburt des Kindes sprechen. Dann schlagen wir vor, dass es diese erste Eintragung mit Tinte überschreibt. In der nächsten Sitzung füllt das Kind die letzte Eintragung aus, die der heutige Tag ist. Von da an lassen wir es jeden Abschnitt eintragen, den es will, und wir sprechen gemeinsam darüber.

Die meisten Kinder werden zuerst nur bereit sein, sich die weniger beunruhigenden Perioden ihres Lebens anzusehen, man sollte also keine anfänglichen Enthüllungen erwarten. Sobald das Kind die »sicheren« Zeiträume überschrieben hat, werden die nicht ausgefüllten Teile die Perioden zeigen, über die es unglücklich und verwirrt ist. Jüngere Kinder, die nicht lesen oder schreiben können, kann man ermutigen, jeden Zeitabschnitt farbig auszumalen. Wir meinen, dass ihnen das hilft, Zeiten und Ereignisse zu verstehen. Geburtstage sind hilfreich, um das Verstreichen der Zeit zu markieren, besonders wenn es Gelegenheiten waren, an die das Kind vielleicht glückliche Erinnerungen hat.

Die Lebensgrafik ist auch nützlich zur Vorhersage, wann im Jahr mögliche Rückschritte vorkommen könnten; der »Geburtstagseffekt«. Die amerikanische Kinder- und Familientherapeutin Claudia Jewett glaubt, dass Kinder aus Gründen, die unerklärbar erscheinen, aus dem Gleichgewicht geraten können. Sie führt das auf

12. März – Geboren um 18⁰⁰ Uhr im Krankenhaus Ich lebte bei Maria, meiner leiblichen Mutter und bei Großmutter Kern in der Eichendorffstr. 117	1982
Mein 1. Geburtstagsfest 5. Juni Oma Kern stirbt 3. November Kleinkinderheim	1983
Mein 2. Geburtstag 5. Mai – bei Maria in der Eichendorffstr. 117 28. Dezember Kinderheim Storchennest	1984
3. März Lisa Lutz wird geboren Mein 3. Geburtstag 3. Juni bei Maria und Paul Lutz, Essener Straße 20. November Kinderkrankenhaus	1985
5. Januar Kinderheim Bremer Straße Mein 4. Geburtstag 24. Dezember Peter und Jana Baldauf, Pflegeeltern	1986
Mein 5. Geburtstag 9. August Maria heiratet Dennis Sebert	1987
22. Februar Anne Sebert wird geboren Mein 6. Geburtstag	1988
29. Mai Maria und Dennis Sebert	1989
5. Januar, Umzug mit der Familie nach Neustadt 2. Februar, Kinderheim „Der Hafen" 30. Mai Krisenzentrum Bahnhofstraße	1990
12. November bei Christine und Egon	1991

die Tatsache zurück, dass sich in der Vergangenheit des Kindes ein Trauma ereignet haben könnte und zu der Zeit im Jahr, als es passierte, dieser beunruhigende Vorfall Probleme in der Gegenwart verursachen kann. Claudia Jewett führt dies auf die »eingebaute Uhr« des Kindes zurück, die mit den Jahreszeiten und dem Tageslicht verbunden ist, die dann die Reaktion auslöst. Es ist deswegen oft möglich vorherzusagen, wann verstörende Umstände auftauchen können. David hatte zum Beispiel zwei traumatische und quälende Erfahrungen im Monat März erlitten. Zwischen diesen Ereignissen lagen fünf Jahre, aber beim Untersuchen des zweiten Traumas bemerkten seine Pflegeeltern, dass David um diese Zeit des Jahres herum widerwillig die Schule besuchte und in der Tat eine Krankheit entwickelte, die nicht vorgetäuscht war, sodass er wegen einer schweren Erkältung für einige Tage die Schule nicht besuchen konnte. Als dieses Muster klar wurde, war es möglich, David zu verstehen zu geben, dass Traumata aus der Vergangenheit in der Gegenwart auftauchen und diese verdrehen. Seine Pflegeeltern fanden es hilfreich, wieder in sein Lebensbuch zu schauen und über diese Ereignisse zu sprechen. Mit zunehmendem Alter und Lebenserfahrung verstärkte das seine Fähigkeit, zu verstehen und einzuordnen, was passiert war.

Die Lebensgrafik kann den Bedürfnissen des Kindes angepasst werden. Wir kennen Pflegeeltern, die auch eine Lebensgrafik der leiblichen Eltern angefertigt haben, damit das Kind auch verstehen konnte, was mit ihnen geschah.

Besuch der Vergangenheit

Viele Kinder verleugnen, dass Ereignisse in ihrer Vergangenheit stattgefunden haben. Die unvollständigen Abschnitte in der Lebensgrafik können Sie darauf hinweisen, wo ihre Probleme liegen. Ist man überzeugt davon, dass diese Kinder mit vielen Gesichtspunkten der Lebensgrafik vertraut sind, kann, wie wir glauben, das Bereisen all der Plätze, an denen sie gelebt haben, diese Schwierigkeit überwinden helfen.

Solche Besuche erfordern sorgfältige Vorbereitung, nicht nur des Kindes, sondern auch der Personen aus der Vergangenheit, und sie müssen sorgfältig zeitlich abgestimmt sein. Sie sollten niemals ein Ersatz für die aktuelle Biografiearbeit sein, sondern eine Ergänzung von ihr. Können wir die Besuche an einem Tag leisten, tun wir das. Die Vorbereitungen werden länger dauern, und die stets damit verbundene Arbeit bedeutet, dass die Reise vom Sozialarbeiter des Kindes arrangiert werden muss. Er wird einleitende Besuche brauchen, um den Besuch des Kindes vorzubereiten und den Zweck des Kontakts zu erklären.

Beim Planen der Besuche der Vergangenheit muss auch die Sicherheit des Kindes bedacht werden, besonders in Fällen von unaufgedecktem sexuellem Missbrauch. Sozialarbeiter und Betreuer sollten die Möglichkeit bedenken, dass solche Besuche unterdrückte Erinnerungen von traumatisierten Kindern wieder erwecken können. Die Besuche können auch manche Kinder dazu veranlassen, Erlebnisse zu enthüllen, an die sie sich vorher nicht erinnern konnten.

Wann immer es auf diesen Reisen möglich ist, arbeitet man vom heutigen Zeitpunkt aus rückwärts und benutzt dabei die Lebensgrafik und persönliche Landkarte des Kindes. Diese körperlich und geographisch erfahrbare Aufzeichnung vom Leben des Kindes unterstützt es und ermöglicht es ihm, sein Leben in einen Zusammenhang zu bringen. Sie ist auch zu Ihrer eigenen Unterstützung unschätzbar und für alle Beteiligten unweigerlich eine bewegende Erfahrung.

Ein unerwarteter Bonus für uns waren die Wärme, Zuneigung und das Willkommen, das wir an jedem Halt erfuhren. Die Kinder haben diese Orte vielleicht oft abrupt verlassen in dem Glauben, sie hätten Menschen verletzt und ihnen Schaden zugefügt. Es kann für sie eine Erleichterung und darum ein zusätzlicher Gewinn sein zu entdecken, dass dem nicht so ist.

In einem späteren Stadium, beim »Überbrücken« in die Zukunft (s. S. 76) und beim Benutzen der Kerzentechnik (s. S. 80) können wir auf diese Reise verweisen und den positiven Nutzen für die Kinder, Personen in ihrer Vergangenheit zu haben, die sie liebten. Wir nutzen diese Ausflüge auch, um Fotografien von früheren Ereignissen nachzustellen, die dann im Lebensbuch beschriftet werden.

Wie diese Besuche Kindern beginnen helfen, ihre Vergangenheit anzuerkennen und schmerzlichen Ereignissen in ihrem Leben zu begegnen, zeigt sich deutlich bei David. Er hatte jegliches Wissen über die Zeit, die er in einem Kleinkinderheim verbrachte, geleugnet, selbst als er dahin gebracht wurde. Vor sich selbst zuzulassen, dass er dort lebte, hieß einzugestehen, dass seine Mutter nicht in der Lage war, adäquat für ihn zu sorgen. Der Koch und die Oberin erinnerten sich voller Zuneigung an ihn und erzählten Geschichten aus seiner frühen Kindheit – normalerweise die Aufgabe von Eltern. Danach ging David hinauf in ein Schlafzimmer im ersten Stock und sagte: »Das war mein Bett, und meistens schaute ich von diesem Fenster aus den Zügen nach.«

Fotografien von mir

Fotografien sind ein unschätzbarer und wesentlicher Teil der Biografiearbeit. Sie sind nicht nur eine Aufzeichnung vergangener Ereignisse, sondern auch ein Mittel, durch das ein Kind in der Lage sein kann, über die Vergangenheit zu sprechen und Empfindungen darüber auszudrücken. Trotzdem muss man die Falle vermeiden, Biografiearbeit auf das Herstellen eines Fotoalbums mit Überschriften zu reduzieren. Die Fotografien sind ein Schwerpunkt des gemeinsamen Arbeitens. Wir schlagen vor, neben Buch- oder Videoarbeit dem Kind zu helfen, ein separates Fotoalbum anzulegen. Ein Foto kann auf ein leeres Blatt Papier geklebt werden und neben der Lebensgrafik und dem Stammbaum benutzt werden. Das Kind kann das Foto mit Beschriftungen versehen, die sein Wissen um alle drei Komponenten verbinden.

Obwohl Kinder sich für Fotografien interessieren, kann es sein, dass sie sich sträuben, die schmerzlichen Exemplare in einem Lebensbuch zu verwenden. David fragte, ob er das Foto seiner leiblichen Mutter aufbewahren dürfte und bekam dazu die Erlaubnis, aber wir behielten auch Abzüge davon, weil wir unsicher waren, ob er vielleicht die anderen zerstören würde, weil sie so schmerzhafte Erinnerungen hervorriefen.

David diktierte zu einem Foto, das an Weihnachten 1989 gemacht wurde:

Ich verbrachte Weihnachten mit meiner Mutter, Lisa, Anne und Dennis in ihrer Siedlung. Lisa und Anne bekamen Fahrräder, und ich bekam ein Spielzeugauto. Es ist nicht fair, dass Lisa und Anne bei meiner Mutter leben und ich nicht. Dennis ist okay, er lässt mich meistens auf seinem Motorrad mitfahren. Meine Mutter schreit meistens und schlägt mich mit einem Gürtel. Es ist nicht gerecht, dass Herr Huber und die Betreuer im Kinderheim mich davon abhielten, heim zu meiner Mutter zu gehen. Ich hasse sie. Als ich bei meiner Mutter war, sprang ich auf das Sofa und machte ein Loch hinein.

David diktierte bei einer anderen Sitzung:

August 1984. Das bin ich auf einem Esel im Zoo. Mit meiner Mutter, Lisa, Onkel Jakob und Paul Lutz ging ich für einen Tag dort hin. Meine Mutter war kein böser Mensch. Sie kümmerte sich nicht gut um kleine Kinder.

Die Fotos von seiner Mutter hatten eine tiefe emotionale Wirkung, trotzdem fügte er sie schließlich in sein Lebensbuch ein und diktierte: »Maria will, dass ich adoptiert werde, aber ich will, dass mich Maria adoptiert.«

In der folgenden Sitzung diktierte er:

Das ist meine erste Mutter Maria und mein Hund. Sie gab den Hund weg. Es machte mich traurig, dass sie den Hund weggab. Es machte mich traurig, weil ich nicht ohne sie leben kann.

Davids Beschriftungen zeigen, wie Fotos einem Kind helfen, über Gefühle zu sprechen und diese auszudrücken. Bestimmte Fotos werden aufgrund der Gewichtung, die das Kind ihnen gibt, bedeutsamer sein. Wir verbrachten zum Beispiel zwei Sitzungen mit den drei Fotos von Davids Mutter, während sieben Bilder von seinen Pflegeeltern in einer halben Sitzung behandelt wurden. Der Grund dafür war, dass die Fotos von Davids Mutter Anlass zu einem Gespräch über seine Beziehung zu ihr gaben, über den Schmerz, den er fühlte, weil er nicht bei ihr lebte, und seine Entwicklung zu realisieren, dass eine Rückkehr zu ihr nicht möglich war. Es war ein Anfang, ihm begreifen zu helfen, dass seine Mutter sich um ihn sorgte, obwohl ihre Lebensumstände bedeuteten, dass sie nicht für ihn sorgen konnte.

David hatte offensichtlich Vergnügen an seinen Fotos und wollte sie zeigen und mit seinen Freunden teilen. Dies rief ein anderes Problem hervor. Sein Lebensbuch enthielt Informationen, die persönlich und vertraulich waren und nicht für den allgemeinen Gebrauch bestimmt. Wie konnte er die Fotos zeigen, nicht aber die Informationen? Wir fragten uns, wie unsere eigenen Kinder das taten: durch die Benutzung des Familienalbums, war die Antwort. David bekam ein separates Album zum Zeigen.

Videos von mir

Einfach zu bedienende Videokameras machen das Einbeziehen von Videoaufzeichnungen in die Biografiearbeit möglich, entweder als Teil eines Buches oder als ganze Geschichte oder um dem Kind zu helfen, die Vergangenheit zu bewältigen. Die Wirkung eines Videointerviews mit einem Elternteil, einem Verwandten oder Freund der Familie wird groß sein. Wenn Eltern eine Erklärung abgeben möchten, warum sie nicht zurecht kamen zu der Zeit, als das Kind von ihnen getrennt wurde, sich aber nicht dem direkten Gespräch mit dem Kind stellen können, so ist das auf dem Videofilm möglich.

Wenn frühere Nachbarn die leibliche Familie beschreiben wollen oder sich an Erlebnisse des Kindes erinnern, können sie das gleichermaßen auf einem Videofilm tun, den das Kind behält. Ein Film von einem früheren Haus oder einer Pflegefamilie oder einem Kinderheim wird eine unmittelbarere Wirkung haben als Fotografien. 16 mm Filme können auf Video überspielt werden, so dass alte Ferienfilme oder Baby- und Kinderfilme vom Kind behalten werden können. Familien besitzen zunehmend Videoaufnahmen, die für den Besitz des Kind kopiert werden können. Mit entsprechender Vorbereitung kann auch ein einfallsreicher Teenager losgehen und seine eigene Videoaufnahme früherer Orte und Personen machen (doch, sie bringen die Kamera normalerweise zurück!). Die Benutzung von Videofilmen kann die Biografiearbeit auf verschiedene Art wesentlich verstärken und ist es wert, jedes Mal in Betracht gezogen zu werden, wann immer diese Arbeit getan wird.

Thomas, Maria und Nellie: ihr Lebensbuch

Diese Fallstudie zeigt, wie das Lebensbuch mit seinen Besuchen und Fotografien sich bei einem Kind auswirkte.

Thomas war 13 Jahre alt, als er von Maria, einer ledigen Frau Ende vierzig und ihrer verwitweten Mutter aufgenommen wurde. Es war seine neunte Fremdplazierung, und er kam direkt von seinem dritten abgebrochenen Pflegeelternaufenthalt zu ihnen. Thomas' Eltern trennten sich, bevor er geboren wurde. Seine Mutter hatte bereits ein Kind und keinen Kontakt zu ihrer Familie, sie war ohne Hilfe und Unterstützung. In der Annahme, er würde adoptiert, ließ sie Thomas im Krankenhaus, in dem er geboren wurde. Thomas wurde bei älteren Pflegeeltern untergebracht und lebte acht Jahre bei ihnen, bis er herausgenommen wurde, weil er sich weigerte, in die Schule zu gehen. Es folgt ein Bericht darüber, wie wir durch ein Lebensbuch die Vergangenheit von Thomas entwirrten und begreifen konnten.

Thomas schrieb sein Lebensbuch: »Meine erste Pflegemutter, von der ich dachte, sie sei meine richtige Mutter, verwöhnte mich. Sie ließ mich alles machen. Oft knoteten wir Bettlaken zusammen und spielten damit Tarzan. Der Sozialarbeiter brachte mich in die Ferien, weil ich ihn fragte, ob er das tun würde. Er brachte mich in ein Kinderheim. Ich war verwirrt, als ich herausfand, dass ich nicht zurück zu meiner Pflegemutter ging.«

Thomas' Lebensbuch zu machen war sehr schwierig, weil wir nur Fotos seines ersten Aufenthaltes bei Pflegeeltern hatten und ein Foto, das in einem Kinderheim aufgenommen wurde, als er zehn Jahre alt war. Über seine leiblichen Eltern war sehr wenig bekannt. Es gab nur eine Möglichkeit: Das Gebiet an der Südküste zu besuchen, wo er die meiste Zeit seines Lebens verbrachte und bei drei Pflegeeltern und in fünf Kinderheimen lebte. Das taten wir, Maria, Thomas und ich, sein Sozialarbeiter, und fingen mit dem Krankenhaus, in dem er geboren wurde, an.

Thomas schrieb danach *»Meine Mutter fragte mich, ob ich gerne in meine Heimatstadt gehen wollte, um alle meine alten Freunde zu sehen und die Kinderheime, in denen ich war. Ich bin glücklich zu Hause mit meiner Mutter, Großmutter und den Hunden. Es sind viele Dinge passiert, die ich lieber vergessen würde, aber ich will Mutter und Großmutter zeigen, wo ich immer spielte, die Geschäfte, den Park und das Meer.«*

Maria schrieb auch, *»Ich war überrascht, dass Thomas sich an so vieles in der Gegend erinnern konnte, er schien zu wissen, wo jede Straße und jeder Weg hinführte – Thomas begann aufzuleben, das war die Gegend, wo er als Kind Freunde hatte. Ich konnte dabei nicht helfen, freute mich aber für ihn, als wir Hand in Hand herumstromerten.«*

Der Tag war strapaziös, vergnüglich und lohnend. An jedem Ort, den wir besuchten, wurde Thomas mit aufrichtiger Zuneigung willkommen geheißen. Maria sagte danach, dass es dazu führte, eine Menge Geister ruhen zu lassen. Es half ihr, Thomas näher zu kommen und ihn zu verstehen, machte sie aber auch wütend über das, was ihrem »Sohn« passiert war.

Danach schien der nächste wichtige Schritt nicht so groß zu sein. Ich spürte seine leibliche Mutter, Sabine, auf und besuchte sie; sie hatte ihn zuletzt als Baby gesehen. Ich nahm meine Kamera mit und erklärte ihr das Lebensbuch von Thomas; und sie willigte ein, dass ich sie fotografierte. Im Austausch gab ich ihr neue Fotos von Thomas. Sabine war jetzt wieder verheiratet und hatte zwei Kinder, ihr ältestes Kind lebte bei ihrem ersten Ehemann. Sie gab mir auch detaillierte Informationen über ihre eigene Familie, und ich konnte diese Thomas für sein Lebensbuch geben.

Der nächste Schritt war, ein Treffen zwischen Thomas, Maria und Sabine, ihrem zweiten Ehemann und ihrer Familie zu arrangieren. Dies wurde getan, und zur selben Zeit unterzeichnete Sabine ihre Einwilligung für Maria, Thomas zu adoptieren. Dieses Treffen, das mit möglichen Risiken ausgestattet war, verlief von dem Moment an glatt, als Thomas sein Lebensbuch holte, um es Sabine zu zeigen. Dann wurde ein Treffen arrangiert zwischen Thomas leiblichem Vater Georg, Maria und Thomas. Wieder wurden Informationen für Thomas Stammbaum geliefert: Er war nach Georgs jüngerem Bruder benannt. Georg unterzeichnete auch die Einwilligung des Adoptionsgesuches.

(Wir möchten betonen, dass diese Treffen erst arrangiert wurden, nachdem sich alle Teilnehmenden über den Zweck im Klaren waren. Es sollte niemals ausgetestet werden, ob

Thomas wieder mit seinen leiblichen Eltern vereint werden konnte. Thomas zuliebe sollten jegliche geheimen Träume und Ängste, die er haben könnte, zerstreut werden, und er sollte emotional von seiner Vergangenheit befreit werden.)

Nachdem Thomas fünfzehn Monate bei Maria gelebt hatte, adoptierte sie ihn. Zwei Monate danach erlaubte ihm Maria, eine Woche mit Sabine und ihrer Familie zu verbringen. (Maria genoss es, keinen Sozialarbeiter um Erlaubnis fragen zu müssen.) In der folgenden Woche holten Maria und »Oma« Nellie Thomas und seine Halbgeschwister ab und brachten sie für eine Woche zu Georg, der nun mit seinen Eltern und seinem älteren Sohn zusammenlebte.

Zum ersten Mal in seinem Leben geht Thomas gerne in die Schule, selbstbewusst, vertrauensvoll und sicher in dem Wissen, dass Maria ihn liebt. Wir sprechen jetzt selten über die Vergangenheit: Es passiert zu viel in der Gegenwart, und es gibt vieles in der Zukunft, auf das man sich freuen kann.

8. Überbrücken: Vergangenheit, Gegenwart und Zukunft

Wir benutzten die Bezeichnung »Überbrücken« für die Zeit, wenn wir die Vergangenheit und die Gegenwart verbinden und eine Brücke in die Zukunft bauen. Wir sind durch unsere eigene Erfahrung langsam zu dem Schluss gekommen, dass ein erfolgreiches »Überbrücken« von Kindern ein entscheidender Faktor für ihren Verbleib in ihrer beständigen Ersatzfamilie ist.

Bei der gemeinsamen Biografiearbeit dürfte man einzigartige Einsichten und Informationen über die Vergangenheit des Kindes gewonnen haben. Dies wird sich als unschätzbar beim Vorbereiten der neuen Familie erweisen, bevor das Kind kommt. In eine neue Familie zu ziehen oder in die leibliche Familie zurückzukehren ist für Kinder eine anstrengende Zeit, und sie brauchen Hilfe und Unterstützung, um die »Brücke« zu überqueren. Es ist eine Zeit, in der Vergangenheit, Gegenwart und Zukunft in Zusammenhang gebracht werden können und sich »Geister« und Fantasien zur Ruhe legen.

Vera Fahlberg legte nahe, und das ist auch unsere Erfahrung, dass ein Kind wegen des Wechsels in eine neue Familie in einem Zustand erregter Angst ist. Aber in der Biografiearbeit ist es oft möglich, mit früheren ungelösten Bindungs- und Trennungsgefühlen durch das Sprechen über die Lebenserfahrungen des Kindes umzugehen.

Kay Donley meint, dass entsprechende »Überbrückungs«-Botschaften überall in der Biografiearbeit enthalten sein sollen. Sie sieht in diesem Stadium und zu Beginn der Unterbringung die Aufgabe als ein Lösen des Kindes von wesentlichen Elternfiguren der Vergangenheit, normalerweise der leiblichen Mutter, und dem Unterstützen des Kindes beim Einlassen auf die »neue« Mutter. Vera Fahlberg beschreibt den Prozess als ein Erlangen »emotionaler Erlaubnis« im Hinblick darauf, dass das Kind sich an die neue Familie binden darf. Im Erleben des Kindes gibt es eine Hierarchie der Personen, angefangen mit der leiblichen Mutter, die die Botschaft einer Loslösung signalisieren und den Prozess einer emotionalen Erlaubnis, in eine neue Familie zu wechseln, beginnen können.

In diesem wichtigen Stadium ist es wesentlich, das Lebensbuch des Kindes noch einmal zu lesen, um sicherzugehen, dass man keine Hinweise auf versteckte Sorgen und Ängste des Kindes übersehen hat. Zum Beispiel wurde klar, dass die verschiedenen Stellungnahmen, die David über seine Mutter schrieb, eine starke Bindung an sie zeigten, eine Mischung aus Realität und Fantasie. Sein Lebensbuch enthielt verschiedene Fragebögen, und in diesen hatte David besonders seine Mutter erwähnt. Zum Beispiel:

Die Person, die ich am meisten mag – *meine Mutter*
Mein Gesicht zeigt ein großes Lachen, wenn – *ich meine Mutter sehe*
Dinge, über die ich mir Sorgen mache – *meine Mutter*
Ich würde nicht gerne leben ohne – *meine Mutter*

Davids leibliche Mutter gab uns Informationen und Fotos über sein frühes Leben. Sie wurde in die Pläne einbezogen, ihn in einer Adoptivfamilie unterzubringen, und willigte in seine Adoption ein. Es wurde ihr auch das Konzept des Loslösens und emotionalen Erlaubens erklärt.

Als David neun Monate bei seiner neuen Familie lebte, wurde ein »Abschieds«-Treffen arrangiert. Bei diesem Treffen »signalisierte« Davids Mutter ihre Billigung von Davids neuen Eltern. David war bewusst, dass seine Mutter in seine Adoption eingewilligt hatte und ihm ihre »Erlaubnis« gegeben hatte, sich an seine neue Familie zu binden.

Es ist nicht immer möglich, leibliche Eltern auf diese Art einzubeziehen, entweder weil sie nicht gefunden werden können oder nicht bereit sind mitzumachen. Kay Donley schlägt vor, dass man zu der nächsten Person in der Hierarchie des Kindes übergeht. Dies könnten entweder vorherige Pflegeeltern oder ein anderer Erwachsener sein, zu dem das Kind eine wesentliche Beziehung hatte, wie etwa ein Mitarbeiter eines Kinderheimes. Sie glaubt, dass ein Sozialarbeiter diese Wichtigkeit für das Kind nicht besitzt.

»Hallo« und »Auf Wiedersehen« sagen

Claudia Jewett stellt die Wichtigkeit heraus, »Hallo« und »Auf Wiedersehen« zu sagen (Seminar in Leeds, 22. Oktober 1986). Wir schlagen vor, dass diese Arbeit in Verbindung mit der Lebensgrafik gemacht wird (siehe S. 67).

Charakteristischerweise könnte ein Kind vor seiner jetzigen Unterbringung schon mehrere Maßnahmen erlebt haben, möglicherweise mehrere Wechsel zwischen beispielsweise Pflegeeltern und Kinderheimen. Viele dieser Maßnahmen werden ungeplant und bedauerlicherweise unerklärt in einer Krise eingeleitet worden sein. Dies könnte der Fall gewesen sein, als das Kind noch bei seiner eigenen Familie lebte und fast sicher bei Beginn der Fremdunterbringung; und die Chance war vertan, sich angemessen zu verabschieden.

In der Erinnerung eines Kindes werden Wechsel undeutlich und Ereignisse vermischen sich. Das kann schädigend sein und zu einem Mangel an Selbstvertrauen beitragen und sein Selbstwertgefühl beeinträchtigen. Wenn man mit einem Kind auf einen Wechsel hinarbeitet von beispielsweise einer vorläufigen Pflegestelle in eine Adoptivfamilie, bietet das eine gute Möglichkeit, einige der früheren Erfahrungen aufzuarbeiten, die traumatisch gewesen sein könnten.

Wir beschreiben das gut etablierte Kerzenritual, das wir heute durch das Einführen von Begrüßungs- und Verabschiedungsritualen verstärken können. Wenn ein Kind zum Beispiel eine vorläufige Pflegefamilie verlässt, um in eine neue Familie auf Dauer zu wechseln, ermutigen wir die Pflegeeltern, eine Abschiedsparty zu veranstalten. Gleichermaßen ermutigen wir, wenn das Kind wegen des Familienwechsels in eine andere Schule geht, die Schule, dies durch die formelle Ankündigung des Weggangs des Kindes zu ritualisieren. Diese ritualisierten Beendigungen sind besonders wichtig, wenn das Kind wichtige Bindungen während eines Aufenthaltes in einer Familie oder einem Kinderheim hatte.

Ein »Advents«- oder Veränderungskalender

Erfuhren Kinder einmal, dass eine Entscheidung über sie gefällt wurde, entweder zu ihrer leiblichen Familie zurückzukehren oder in eine neue Familie gegeben zu werden, erhöht sich ihr Angst-

level. Ein Grund dafür ist, so glauben wir, dass die Kinder erlebten, dass diese Pläne außerhalb ihrer Kontrolle waren. Der Prozess der Veränderung wurde deswegen beängstigend und verwirrend. Wir stellten fest, dass die Herstellung eines »Advents«- oder »Veränderungs«-Kalenders, wie wir ihn nennen, die Unsicherheit reduzieren kann, die die Veränderung begleitet.

Ein Adventskalender hat Türen und Fenster, die geöffnet werden, um während des »Countdown« zum Heiligabend Gesichtspunkte der Weihnachtszeit zu zeigen. Auf die gleiche Art öffnen sich die Türen in einem Veränderungskalender während des »Countdown« zu einer Unterbringung. Normalerweise werden während der Zeit der Anbahnung für mehrere Wochen Besuche zu Hause oder in einer neuen Familie geplant. Die Türen des Veränderungskalenders zeigen ein Datum. Wenn sie geöffnet werden, enthalten sie eine bestimmte Anzahl konkreter Informationen. Auf der gegenüberliegenden Seite ist ein Beispiel dessen, was ein solcher Kalender enthalten könnte.

Das Kerzenritual

Das Kerzenritual ist eine Möglichkeit, Kindern im Stadium der »Überbrückung« zu veranschaulichen, dass sie die Fähigkeit haben, Menschen zu lieben. Kinder lieben Rituale – sie können benutzt werden, eine bestimmte Idee verstehen zu helfen. Wir borgten uns die Kerzentechnik bei Claudia Jewett (1978). Wir haben sie bei vielen Gelegenheiten benutzt, weil sie dem Kind demonstriert, dass es nicht nur die Fähigkeit zu lieben besitzt, sondern dass es auch ungefährlich ist, andere zu lieben.

Eine Reihe von Kerzen wird benutzt, um all die Personen zu repräsentieren, die das Kind in seinem Leben geliebt hat. Vor dieser Reihe plaziert man eine Kerze, um das Kind zu symbolisieren. Während diese Kerze angezündet wird erklärt man, dass sie die Geburt des Kindes darstellt, als es mit der angeborenen Fähigkeit, Menschen zu lieben, auf die Welt kam. Falls es bedeutsam ist, zündet man als Nächstes die erste Kerze an, die die leibliche Mutter repräsentiert und erklärt, dass dies die erste Person war, die vom Kind geliebt wurde. Sie führen diese Prozedur der Reihe nach fort, zünden eine Kerze für jede neue Situation an, in die das Kind kam, und für jede neue Person, die geliebt wurde. Sagen Sie dem Kind, dass, weil es mit der Fähigkeit geboren wurde, Menschen zu lieben, es nicht notwendig ist, die Liebe zu einem vorherigen Betreuer auszulöschen, bevor es jemand anderes liebt.

Die Technik illustriert, wie wichtig es ist, Liebe am Leben zu halten. In der Regel benutzen wir sie nur, wenn der Wechsel in eine neue Familie bevorsteht, weil sie zeigt, dass es ungefährlich für das Kind ist, Kerzen für die neue Familie anzuzünden. Wenn das Kind dann in der neuen Familie lebt, wiederholen wir das Ritual mit den neuen Eltern, um zu betonen, wie wichtig es ist, die Liebe für Menschen aus der Vergangenheit nicht auszulöschen.

David fasste vielleicht am besten die Erfahrungen zusammen, als er sagte »Die Kerzen, die ich gerade für Christine und Egon (seine neuen Eltern) anzündete, brennen am hellsten, und Monikas (seine leibliche Mutter) Kerze, als Erstes angezündet, brennt herunter und wird nach und nach verlöschen.«

Sechs Monate später zeigte Davids Beziehung zu seiner neuen Mutter Anzeichen von Spannung. Sie konnte mit ihm darüber sprechen, indem sie ihn an das Kerzenritual erinnerte und dazu bemerkte, dass er vielleicht das Gefühl hatte, von Mutterfiguren der Vergangenheit verlassen worden zu sein, und nun Angst hatte, eine Kerze für sie anzuzünden. David war schließlich in der Lage, das zu erkennen und akzeptierte ihre Versicherung, dass es ungefährlich war, ihre Kerze anzuzünden.

Die Umweltkarte

Vera Fahlberg beschreibt in ihrem Buch *Helping children when they must move*[5] (in: Fahlberg 1988, S. 217ff.) eine so genannte Umweltkarte, ursprünglich entwickelt als anfängliches Gesprächshilfsmittel, um die Kommunikation zwischen dem Kind und dem Sozialarbeiter zu eröffnen. Sie zeigt das Kind und die verschiedenen Personen, Orte und Beziehungen, welche einen Teil seines Lebens darstellen. Kinder können diese Elemente und ihre Beziehung dazu besprechen und so ein größeres Verständnis über ihr Leben als Ganzes bekommen und darüber, warum sie so sind, wie sie sind.

Diese Idee haben wir erfolgreich übernommen und für den Gebrauch nicht nur während der Überbrückungszeit modifiziert, sondern auch, wenn das Kind in dem neuen Zuhause ist. Sie wird dann

5 Vera Fahlberg bezieht sich bei dieser Idee auf die Arbeit von Marietta Spencer von der Children's Home Society of Minnesota.

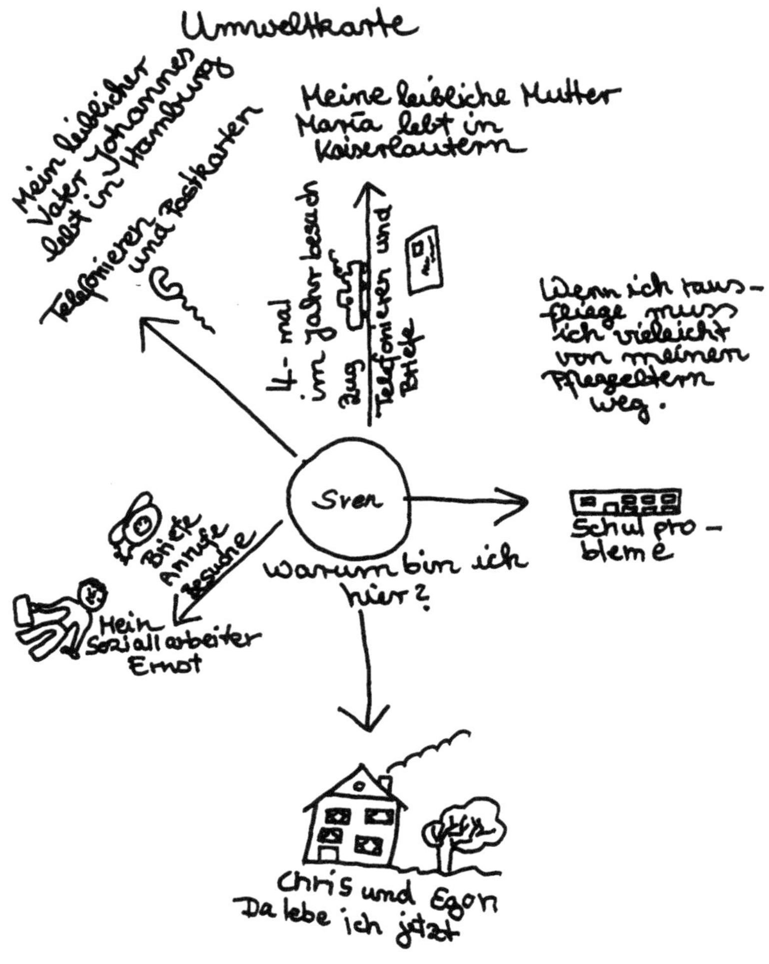

zum Hilfsmittel für das Kind und die neue Familie, um in bebilderter Form das, was geschieht, zu begreifen. Vera Fahlberg meint, sie eigne sich am besten bei Kindern im Alter zwischen fünf und zwölf Jahren, aber wir benutzten sie genauso effektiv bei älteren Kindern.

Die Antwort eines Kindes auf die Frage »Warum bin ich hier« wird einem helfen, sein Begreifen seiner Situation wahrzunehmen. Man kann sich dann auf die gemeinsam durchgeführte Biografiearbeit beziehen, um über wichtige Personen im Leben des Kindes und ihre gegenwärtige Beziehung zu sprechen und die Art des Kontaktes, den sie haben, illustrieren. Zum Beispiel:

Meine leibliche Mutter – schreibt mir Briefe und spricht mit mir am Telefon.
Mein Sozialarbeiter – ruft mich an und besucht mich.

Nachdem David drei Monate bei seiner neuen Familie lebte, begann er Verhaltensprobleme in der Schule zu zeigen, die so schwerwiegend waren, dass ihm der Ausschluss drohte. Wir benutzten Davids Umweltkarte, um begreifen zu können, wie sein Verhalten in der Schule seine Zukunft in der neuen Familie bedrohte. Auf der Linie von seinem neuen Zuhause zur Schule zeichnete er Pfeile, die ihn attackierten, aber kurz danach gingen seine Verhaltensextreme zurück, und während es noch eine Zeit lang Schwierigkeiten gab, war doch die Drohung des Schulausschlusses abgewendet.

Die »drei Eltern«

Wir benutzen das »drei Eltern«-Modell von Vera Fahlberg immer als eine Hilfe für Kinder während der Überbrückungszeit. Es dient vielen Zwecken, zum Beispiel, um Kindern zu demonstrieren, dass man ihnen nicht etwas wegnehmen kann, was sie bei der Geburt von ihren Eltern mitbekommen haben.

Wir zitieren Vera Fahlberg (1988, S. 197):

»Wir glauben, dass Kindern viel zu oft nicht gesagt wird, was mit ihnen passiert, wenn sie aus der Familie herausgenommen werden. Eine Fremdunterbringung mag Sozialarbeitern vertraut und logisch erscheinen, aber sie ergibt für Kinder keinen Sinn. Wir haben eine Methode entwickelt, Kindern Fremdunterbringung zu erklären. Die Idee ist, die Rolle der verschiedenen Eltern in ihrem Leben zu erklären und zu umreißen, wer für was verantwortlich ist. Wir zeichnen drei Kreise, wie diese unten, und geben dem Kind eine Erklärung der verschiedenen Rollen von jeder Art von Eltern.«

Wir halten die »drei Eltern« für eine nützliche Methode um Kindern verstehen zu helfen, was ihnen passierte. Bei zunehmender Involvierung der leiblichen Eltern helfen sie dem Kind, auch die gesetzlichen und emotionalen Aspekte zu verstehen. Die »drei Eltern« sind:

LEIBLICHE ELTERN

ELTERN MIT GESETZLICHER VERANTWORTUNG

SORGENDE ELTERN

Trotz gesetzlicher Veränderungen bleiben die emotionalen Aspekte für das Kind unverändert, besonders die starken Gefühle für seine leiblichen Eltern und die Verwirrung darüber, von ihnen getrennt zu sein. Es kann sein, dass die Fachsprache und/oder die genaue Anwendung des zugrunde liegenden Konzeptes auf die genauen Umstände des Kindes zugeschnitten werden müssen (ob das Kind in Pflege ist oder im Heim) und ob die Unterbringung bei Adoptiveltern ist oder nicht. Wichtig ist, dass das Kind (und die leiblichen Eltern des Kindes) ein Recht auf eine verständliche Erklärung hat, wo sein Platz im rechtlichen Rahmen ist. Es gibt aber auch ein entsprechendes Recht, zu erfahren, dass das, was es bei seiner Geburt mitbekommen hat, unverändert lebenslang bestehen bleibt und dass dies niemand weder verändern noch wegnehmen kann – es ist eine Tatsache seiner ganzen Existenz.

Vera Fahlberg (a.a.O.) schreibt weiter:

»Wir sagen, dass es bei jeder Geburt Eltern gibt. Leibliche Eltern kann man nicht austauschen. Jedes Kind hat eine leibliche Mutter und einen leiblichen Vater; niemand kann jemals diese Situation ändern. Alle Kinder in unserer Gesellschaft haben auch gesetzliche Eltern. Die gesetzlichen Eltern treffen die wichtigen Entscheidungen im Leben des Kindes. Die sorgenden Eltern sind die Personen, die jeden Tag da sind, um die Bedürfnisse des Kindes nach Pflege und Erziehung zu befriedigen.

Für viele Kinder sind die Eltern gleichzeitig die leiblichen Eltern, die gesetzlichen Eltern und die sorgenden Eltern. Dennoch sind bei ei-

ner Unterbringung in einer Pflegefamilie und bei Adoption diese verschiedenen Bereiche aufgeteilt.

Auch ein fremduntergebrachtes Kind hat leibliche Eltern. Im Falle von freiwilliger Inanspruchnahme der Unterbringung mögen die gesetzlichen Eltern noch immer die leiblichen Eltern sein, oder die gesetzliche Elternrolle kann zwischen leiblichen Eltern und Jugendamt aufgeteilt sein. Zum Beispiel könnte für einen Jugendlichen, der zur Armee geht, die Unterschrift der Eltern verlangt werden, während das Jugendamt das Recht hat, das Heim auszusuchen, in dem das Kind lebt, und die Schule, die es besucht.

Wurde das Sorgerecht gerichtlich entzogen, stellt das Jugendamt oder das Gericht die gesetzlichen Eltern dar. Ist das Kind in Pflege, sind die Pflegeeltern die sorgenden Eltern. Gibt es Streit darüber, wer die gesetzlichen Eltern und wer die sorgenden sein sollen, entscheidet das Gericht.

Wenn ein Kind in seine Geburtsfamilie zurückgekehrt ist, das Amt aber weiterhin das gesetzliche Sorgerecht hat, kann das Diagramm helfen, Verantwortlichkeiten zu klären. Die leiblichen Eltern sind dann die sorgenden Eltern und leiblichen Eltern, aber Teile der gesetzlichen Elternrolle liegen weiterhin beim Amt oder Gericht.

Wurde das Sorgerecht entzogen, hat das Kind weiterhin dieselben leiblichen Eltern; es hat das Amt oder das Gericht als gesetzliche Eltern und Pflegeeltern als sorgende Eltern. Wenn wir einem solchen Kind Adoption erklären, sagen wir ihm, dass die Entscheidung bedeutet, dass nicht ein Elternpaar diese drei Rollen wieder ausfüllen wird; Adoption uns aber trotzdem ermöglicht, zwei Aspekte der Elternschaft in einem Elternpaar zu kombinieren – die gesetzlichen und die sorgenden Eltern. Das Kind lernt, dass nicht länger Sozialarbeiter und Gerichte Entscheidungen über es fällen, sondern dass vielmehr dieses Elternpaar, bei dem es lebt, verantwortlich ist für das Treffen der wichtigen Entscheidungen in seinem Leben.

Diese Erklärungsmethode akzeptiert in allen Fällen die Tatsache, dass das Kind leibliche Eltern hat. Die Akzeptanz von leiblichen Eltern und ihre Rolle im Leben des Kindes ist entscheidend, wenn wir Kindern helfen wollen, mit ihren Gefühlen über die Trennung von ihren leiblichen Eltern umzugehen.«

Biografiearbeit als Bezugspunkt

Das Leben verläuft nicht reibungslos, sodass man auch bei einem gut vorbereiteten Kind erwarten kann, dass es in der neuen Umgebung Probleme hat. Das meiste davon wird normales Verhalten sein, aber gelegentliches unangemessenes Verhalten kann seinen Ursprung in früheren Lebenserfahrungen haben – zum Beispiel Davids Angst, Chris, seine Adoptivmutter, zu lieben. Vera Fahlberg vergleicht den Prozess mit dem einer Telefonzentrale, wo die Vergangenheit des Kindes in seine Gegenwart gestöpselt wird und anfängt, auf diese störend einzuwirken und sie zu verzerren. Biografiearbeit mag erkennen helfen, was zu diesem Problem führte, und in Krisenzeiten kann ein Lebensbuch als Bezugspunkt benutzt werden.

Biografiearbeit und die Art ihrer Dokumentation verkörpern einen Blickwinkel, der auf Informationen basiert, die zu der Zeit, als die Arbeit getan wurde, verfügbar waren. Es ist wichtig, dass weder man selbst noch das Kind die Arbeit als statisch oder komplett betrachtet, bloß weil ein Buch hergestellt wurde. Lebenserfahrungen und der normale Entwicklungsprozess bedeuten, dass vergangene Erfahrungen angesichts neuer nochmals beleuchtet werden.

Judith, ein elfjähriges Mädchen, hatte Schwierigkeiten, sich in ihrer neuen Familie einzugewöhnen, und auch ihre neuen Eltern hatten Schwierigkeiten, sich auf sie einzustellen. Man konnte sich an ihr Lebensbuch wenden, wo ähnliche Vorfälle auftauchten und es als einen Bezugsrahmen für die Schwierigkeiten, in einer Familie zu leben, benutzen. Judith mühte sich ab, sich an ihre neue Familie anzupassen. Sie hatte zwei abgebrochene Aufenthalte bei Pflegeeltern hinter sich und bekam Angst, dass ihre dritte Pflegestelle ebenfalls abgebrochen werden könnte. Durch Hilfe beim Ausdrücken dieser Ängste und beim Verbinden mit schmerzlichen Ereignissen in ihrer Vergangenheit konnte sie anfangen zu verstehen, wie ihre Vergangenheit auf die Gegenwart störend einwirkte.

Judith schrieb dann Folgendes:

Ich will bei Margarete und Hans bleiben und will, dass sie meine Eltern sind. Es ist schwer, eine neue Familie aufzubauen. Wenn ich mit meiner Mama und meinem Papa aneinander geriet, fühlte ich mich durcheinander. Er sagte, wenn ich mein Verhalten nicht ändere, werde ich gehen müssen. Ich will mein Verhalten ändern. Wenn ich mit meiner Mutter streite, fühle ich mich unglücklich. Es macht mich ängstlich, weil es dazu führen könnte, dass ich diese Familie verlassen muss. Ich würde gerne bei Mama und Papa bleiben, weil es der richtige Ort für mich ist. Es gibt keinen anderen Ort, an den ich wirklich gehen könnte. Ich möchte mit anderen Leuten zusammenarbeiten, aber es ist schwer zu begreifen, wie man das macht. Ich komme gut mit meinem Vater aus, und ich liebe sie beide. Ich will nicht weiterhin unglücklich sein und keine Freunde haben. Ich verstehe nicht, warum ich keine Freundschaften schließen kann, denn im Kinderheim hatte ich welche.

Wir konnten dies ihren neuen Eltern zeigen und die Spannung verringerte sich merklich. Ihre neuen Eltern konnten verstehen, dass Judiths Verhalten keine Absicht war, sondern aus Ängsten ihrer Vergangenheit herrührte, die in die Gegenwart durchsickerten.

9. Über Biografiearbeit hinaus

Für manche Kinder wird Biografiearbeit nicht ausreichen, um die Barriere zu durchbrechen, die sie zum Schutz ihrer inneren, verletzlichen Welt errichtet haben. Wir bemerkten dies besonders bei Kindern, die unzählige Wechsel erlebten, was ihre Fähigkeit, Beziehungen einzugehen und aufrechtzuerhalten, schwer geschädigt hat. Solche Kinder wurden als »emotional kalt« bezeichnet. Vera Fahlberg erklärt dies als ein Über-Investieren in die Vergangenheit, in die alle Energie zu fließen scheint und ein emotionales Ungleichgewicht hervorruft.

Das Trauma der Trennung von den leiblichen Eltern ist möglicherweise eines der schlimmsten, die ein Kind erfahren kann. Seine Auswirkungen sollten niemals unterschätzt oder ignoriert werden, auch wenn viele Jahre vergangen sind. Kinder mögen als Ergebnis einer Trennung erstarrt oder »emotional kalt« sein, und das Risiko des Abbruchs einer langfristigen Unterbringung in einer Familie ist sehr hoch, weil ihre Störungen zur Ablehnung einzuladen scheinen. Solche Kinder beginnen nach mehreren Unterbringungen »Ettiketten« auf sich zu ziehen, die aussagen, sie wären unreif, bindungsgestört, distanzlos, selbstzentriert und so weiter.

Aus David Kerns Lebensgrafik ersieht man, dass er neun Wechsel in sieben Jahren erlebte und genau solch ein »emotional kaltes« Kind war. Kinder wie David werden kaum in der Lage sein, über sich selbst in Erwachsenenart zu sprechen. Sie müssen andere Wege des »Gesprächs« finden, und wir müssen andere Wege finden, mit ihnen zu reden. Es gibt viele verschiedene Methoden, sie basieren im Wesentlichen aber alle auf der Art von Kommunikation, die Kinder bevorzugen: die Benutzung des Spiels als Kommunikationsmittel und Methode, um Situationen darzustellen.

Kommunikation durch Spiel

Im Folgenden geht es nicht um moderne Techniken, sondern um zu empfehlende Möglichkeiten der Kommunikation mit Kindern, die wir erfolgreich anwendeten. Jeder, der Kinder beobachtet hat, wie sie als Puppeneltern agierten und die Art ihrer Eltern zu sprechen nachahmten, wird erkennen, dass dies ein guter Weg ist, Verbindung zu Kindern zu bekommen. Das stellt Forderungen an uns als Erwachsene, denn es verlangt von uns, unsere Hemmungen abzulegen. Wir müssen die Welt des Kindes betreten, indem wir sensibel sind für das, was das Kind sagen könnte, und bereit sein, entsprechend zu reagieren.

Wir haben diese Techniken der »Kommunikation durch Spiel« bei Kindern zwischen drei und fünfzehn Jahren benutzt. Sowie wir mit dem Benutzen vertraut waren, brachten wir diese Techniken lieber in unsere Vorbereitung des Lebensbuches ein als zum Schluss, und nun benutzen wir das Spiel oft, bevor wir mit der Biografiearbeit beginnen.

Handpuppen

Eine Handpuppe zu haben, durch die Sie sprechen, und eine, durch die das Kind spricht, ist eine praktische Methode, um mit Kindern jeden Alters zu sprechen, besonders praktisch aber bei jüngeren Kindern. Egal, wie gut die Beziehung ist, die man zu einem Kind hat, die meisten haben Schwierigkeiten, ihr Innerstes zu offenbaren. Sie fühlen sich sicherer, ihre intimen Gedanken durch eine Puppe zu offenbaren, weil die Puppe eine Distanz zu wahren verspricht. Meistens kann eine gegenseitige Unterhaltung angefangen werden, indem Ihre Puppe der Puppe des Kindes Fragen stellt.

Im Folgenden eine Unterhaltung zwischen einer Pflegemutter und Susanne, einem fünfjährigen Mädchen, die kürzlich die Trennung ihrer Eltern erlebte. Sie sprachen miteinander durch Kermit, den Frosch (die Pflegemutter) und eine Pinguinpuppe (das Mädchen).

Kermit: *Wohnst du bei Tante Inge und Onkel Johannes?*
Pinguin: *Manchmal.*

Kermit: *Wo würdest du gerne leben?*
Pinguin: *Bei meiner Mama und meinem Papa.*
Kermit: *Oh, wenn ich nicht bei meiner Mama und meinem Papa leben könnte, wäre ich sehr traurig.*
Pinguin: *Ich bin traurig, weil ich nicht bei ihnen wohnen kann.*
Kermit: *Warum kannst du nicht bei deiner Mama und bei deinem Papa wohnen?*
Pinguin: *Weil sie nicht länger Freunde sind und sich nicht gegenseitig lieben.*

Kurz nach dieser Unterhaltung fing Susanne, die seit der Trennung zwei Wochen zuvor nicht geweint hatte, an zu weinen, weil die »Erlaubnis« zu trauern gegeben wurde.

Spielpuppen

Diese Technik benutzten wir mit hervorragendem Erfolg bei kleinen Kindern von drei aufwärts, wir setzten sie aber auch bei älteren Kindern ein, nachdem wir zuerst unsere eigenen Hemmungen überwunden hatten. Wie wir bereits erwähnten, muss man in der Lage sein, sich zu entspannen, um diese Aktivität mitmachen zu können!

In einem Spielwarengeschäft kann man eine »Familie« von Spielpuppen kaufen. Der Satz, den wir benutzen, zeigte erkennbare Gefühle wie Freude, Traurigkeit, Ärger und so weiter.

Kinder, die ungern direkt darüber sprechen, wie sie sich fühlen, sind bereit, darüber zu reden, wie sich die Spielpuppen »fühlen«. Die Technik umfasst das Erzählen einer Geschichte, die im Wesentlichen die Lebensgeschichte des Kindes ist, wie in der Lebensgrafik dargestellt, aber übertragen auf die Spielpuppen. Wenn wir die Geschichte zum ersten Mal erzählen, sprechen wir gewöhnlich über konkrete Fakten: »Das ist die Mami, und sie hat ein Baby, ein Mädchen.« Schließlich steigt das Kind in das Spiel mit ein – das mehrere Sitzungen dauern kann – und beginnt, den Spielpuppen Gefühle zuzuschreiben, die seine innere Welt spiegeln.

Kinder, die Gewaltakten ausgesetzt waren, werden diese Erfahrungen häufig nochmals aufarbeiten. Ein Kind schleuderte die Vaterfigur im Zimmer herum. Ein fünfjähriges Mädchen war verwirrt, weil seine frühere Kurzzeit-Pflegemutter geweint hatte, als es in einer Adoptivfamilie untergebracht wurde. Sechs Monate später war es noch immer verwirrt, weigerte sich aber, über den Vorfall zu sprechen. Mit den Spielpuppen waren wir in der Lage, ihm eine Geschichte über ein kleines Mädchen zu erzählen, das von seiner »Tante«, die es liebte, wegziehen musste, und diese »Tante« weinte. Es sagte: »Als ich von meiner Tante wegzog, weinte sie, und ich wollte auch weinen, aber ich hatte Angst davor.« Von da ab wurde ihm geholfen zu verstehen, was passiert war und ihm die Versicherung gegeben, dass es seiner »Tante« gut ging.

Der leere Stuhl

Kinder werden Groll gegenüber Erwachsenen aus ihrer Vergangenheit, die sie enttäuschten oder ablehnten, hegen. Manchmal können diese Gefühle aufgedeckt werden, meistens werden sie aber zurückgehalten und bleiben unaufgelöst. Ein Weg, sie zu erreichen und offen zu legen ist der »leere Stuhl«, eine Technik der Gestalttherapie, die wir in Claudia Jewett's *Adopting the older child* fanden.

Stellen Sie einen leeren Stuhl in die Mitte des Raumes. Bitten Sie das Kind, sich eine Person darauf sitzend vorzustellen, mit dem es eine unerledigte Angelegenheit hat. Der leere Stuhl hilft dem Kind, sich auf alles zu konzentrieren, was unbearbeitet geblieben ist.

David war interessiert und neugierig, als wir ihm den leeren Stuhl präsentierten. Aber er behauptete, er wäre nicht in der Lage, sich jemand Geeignetes darauf vorzustellen. »Wie wäre es mit deiner Mutter?«, entgegneten wir. David ging dann zielgerichtet zu dem Stuhl und wollte wissen »Warum hast du mich verlassen? Ich möchte dir den Kopf einschlagen.« Mit einem nervösen Lachen versuchte er halbherzig, die Aussage zurückzunehmen. »Bist du böse auf deine Mutter?«, fragten wir. »Ja, das bin ich«, gab er zurück.

Oft ist es möglich, solche Gefühle des Ärgers konstruktiv zu nutzen, indem man das Kind ermutigt, die Rolle der Person auf dem Stuhl zu übernehmen, um so zu erfahren, wie sich die andere Person fühlt.

David saß auf dem Stuhl und stellte sich vor, er wäre seine Mutter, während wir David spielten. »Warum hast du mich verlassen?«, fragte ich. »Ich verließ dich, weil ich mit deinem Vater stritt und wir nicht mehr zusammen leben konnten«, war seine Antwort.

Das Telefon

In ähnlicher Weise wie ein leerer Stuhl kann ein Spielzeugtelefon benutzt werden. Das Kind kann ermutigt werden, eine Person aus der Vergangenheit anzurufen und eine imaginäre Konversation mit dieser Person zu führen. Häufig ist das zu direkt, kann aber weniger bedrohlich gestaltet werden, indem man eine Telefonunterhaltung entweder zwischen Handpuppen oder Puppen führt.

Sarah wurde als Vierjährige aus der Obhut ihrer leiblichen Familie genommen, weil sie andauernde Misshandlungen vom Partner ihrer Mutter erdulden musste. Sie wurde bei Pflegeeltern untergebracht, dies wurde aber nach sechs Monaten abgebrochen. Vier Monate nach diesem Abbruch fand das folgende Spiel mit Puppen und einem Telefon statt. Wir machten zwei Sätze Eltern aus den Puppen; der Vater in dem einen Satz hatte ein ärgerliches Gesicht. Die Puppen hatten keine Namen bekommen und wurden nicht als Pflegeeltern oder leibliche Eltern bezeichnet.

Ich: *Schau das kleine Mädchen* (Puppe) *an. Sie kann nicht bei ihrer leiblichen Mutter leben. Denkst du, sie wird jemals Liebe und Fürsorge von diesen neuen Eltern annehmen?*

Sarah: *Nein, sie kann nur Liebe und Fürsorge von ihrer leiblichen Mutter bekommen, und der Mann, der mit ihr lebt, ist schlecht.*

Ich: (sanft) *Ich denke nicht, dass er es ist.*

Sarah: *Doch, ist er.* (Sarah nahm dann die ärgerliche männliche Puppe und legte sie von der Mutter-Puppe weg.)

Ich: *Schau, was passiert.* (Ich legte die Mutter-Puppe wieder zu der ärgerlichen männlichen Puppe und vereinte sie wieder.)

Sarah: *Aber er ist weggegangen.* (Sie nahm die ärgerliche männliche Puppe und warf sie durch den Raum.)

Ich: *Schau, was passiert. Die leibliche Mutter geht und holt ihn sich zurück.*

Wir spielten dies mehrere Male, wobei Sarah die ärgerliche männliche Puppe wegschleuderte und ich die Mami-Puppe nahm, um sie zu holen. Sarah wurde wütend und kündigte an, sie würde »diese Mutter anrufen«. Sie war bereits mit dem Telefon vertraut, weil wir in der Vergangenheit damit »gespielt« hatten.

Ich: *Wie heißt diese Mami?*
Sarah: *Martina* (der Name ihrer leiblichen Mutter). *Hallo. Ich möchte wissen, warum das kleine Mädchen nicht bei dir leben kann. Warum schickst du diesen Mann nicht weg, sodass das kleine Mädchen kommen kann und Liebe und Fürsorge bekommt? (An diesem Punkt hielt Sarah den Telefonhörer weg, ein Ausdruck der Bestürzung und des Unglaubens auf ihrem Gesicht.)*
Ich: *Was ist los?*
Sarah: *Sie hat aufgelegt.*

Mich überkam ein starker Drang, Sarah hochzunehmen und sie in ihrem Schmerz zu trösten. Mit einiger Willensanstrengung konzentrierte ich mich auf das Puppenspiel.

Ich: *Armes kleines Mädchen, sie ist in solch einem Durcheinander.* (Ich wirbelte die kleine-Mädchen-Puppe herum.) *Sie weiß nicht, wohin. Sie kann keine Liebe von ihrer leiblichen Mutter bekommen und will keine von den neuen Eltern annehmen.*
Sarah: *Ja, sie ist ganz leer innendrin.*

Sarah entschied sich, das kleine Mädchen anzurufen und ihr zu raten, zu den »neuen Eltern« zu gehen und bei ihnen zu leben, weil sie von ihnen Liebe und Fürsorge bekommen könnte. Ich schlug Sarah vor, dass wir ihr sagen sollten, wir verstünden, warum sie auch ihre leibliche Mutter lieben möchte.

Sarah: *Ja, ich weiß. Sie kann ihre leibliche Mutter lieben, aber sie kann nicht bei ihr leben, weil ihre Mutter nicht will, dass dieser Mann geht.*

Kurz danach kam Sarah in eine neue Familie und fühlte sich nach und nach als Familienmitglied.

Dieses Spiel wurde nie für Sarah gedeutet. Obwohl wir zum Beispiel fühlten, dass sie diese Kleine-Mädchen-Puppe war, versuchten wir doch niemals, diesen Zusammenhang für sie herzustellen. Violet Oaklander schreibt in *Gestalttherapie mit Kindern und Jugendlichen,* dass der Prozess der Arbeit mit dem Kind ein sanfter, fließender ist – »ein organisches Ereignis«. Das Benutzen der Puppen und des Telefons in der Arbeit mit Sarah halfen ihr, Ereignisse in ihrem Leben zu verstehen und den Prozess der Bewältigung auf eine Art und Weise zu beginnen, die nicht bedrohlich war. Wir merkten, dass nichts dabei herausgekommen wäre, wenn wir sie mit direkten Fragen darüber, warum die Pflegestelle abgebrochen wurde, konfrontiert hätten.

Rollenspiel

Bei älteren Kindern, besonders bei Jugendlichen, kann man direkter vorgehen. Wir benutzen häufig Rollenspielsituationen, indem wir den Teenagern vorschlagen, dass wir sie sind und sie selbst eine andere Person in der Szene darstellen. Das bedeutet, dass sie auch »anleiten« und »Drehbuchautor« sein müssen. Dies kann eine aufschlussreiche Erfahrung für alle Beteiligten sein.

Wir besprechen Rollenspiel des Weiteren im Abschnitt über die Arbeit mit Gruppen von Jugendlichen im folgenden Kapitel.

10. Die Arbeit mit Gruppen

Die Arbeit mit Geschwistern

Wenn mehr als ein Kind von einer Familie fremduntergebracht ist, ist es möglich, einen Teil der Arbeit an einem Lebensbuch zusammen zu machen. Wichtig ist aber, dass jedes Kind seine eigene Aufzeichnung der Biografiearbeit hat. Wir stellten fest, dass die Gruppenarbeit mit Geschwistern schneller voranschreitet als das Arbeiten in Einzelsituationen. Natürlich hängt die Arbeit vom Alter der Kinder ab. Bei älteren Kindern könnte man überlegen, eine modifizierte Form des Gruppenprogrammes für Jugendliche – beschrieben im nächsten Abschnitt – zu verwenden.

Normalerweise wird es das älteste Kind sein, das die Verbindung von der Vergangenheit zu der Gegenwart für die anderen herstellt. Das Kind kann der »Familienhistoriker« sein und Ihnen dabei assistieren, den anderen Geschwistern zu erklären, was in ihrer Vergangenheit passierte und was in der Gegenwart geschieht. Dabei können die älteren Kinder auch ihr eigenes Wissen und ihr Verständnis erweitern und anfangen, ihren Geschwistern ihre Sicht der Dinge zu erläutern. Das kann weniger bedrohlich sein, als es jemandem außerhalb der Familie zu erklären.

Beim Arbeiten mit mehreren Geschwistern ist es wichtig, die Möglichkeit eines unaufgedeckten sexuellen Missbrauchs im Hinterkopf zu haben. Es könnte sein, dass nur ein Kind unter den Geschwistern sich offenbart hat, das Gespräch in der Gruppe aber andere Geschwister zum Aufdecken veranlasst. Es ist auch wichtig zu bedenken, dass ältere Geschwister sich wahrscheinlich eher selbst zum Schweigen gezwungen haben und abstreiten könnten, dass ein Missbrauch stattgefunden hat, wenn jüngere Familienmitglieder enthüllen, dass sie missbraucht wurden. In solchen Situationen kann es nützlicher sein, Einzelsitzungen mit jedem der

Geschwister zu machen, bevor man mit einer Familiengruppe arbeitet.

Eine Gruppe Geschwister könnte man fragen, wie das älteste Kind den anderen erklären würde, warum sie von ihrer leiblichen Familie getrennt wurden. Marie, 14 Jahre alt und die älteste von vier Kindern, meinte, sie wäre der Grund gewesen wegen ihres »schlechten Verhaltens«. Als sie das erklärte, war es eine Offenbarung für sie festzustellen, dass ein jüngerer Bruder und eine jüngere Schwester auch meinten, sie wären der Grund. Von da an wurde ihnen geholfen, ein Verständnis für die psychische Erkrankung ihrer Mutter zu erlangen. Sie begriffen, dass es Gründe gab, warum sie jetzt in einem Kinderheim lebten und dass man niemanden suchen mußte, der beschuldigt werden konnte oder sie selbst die Schuld trugen, da die Gründe außerhalb ihrer Kontrolle lagen.

Die Arbeit mit Gruppen von Jugendlichen

Wir zeigten, wie hilfreich die Arbeit mit Geschwistern beim Prozess der Biografiearbeit sein kann. Auch die Arbeit mit einer Gruppe von Kindern, die nicht verwandt sind, kann erfolgreich sein.

Kinder über zwölf, die viele Jahre fremduntergebracht waren, werden widerwillig über ihre Vergangenheit sprechen, verwirrt über die Gegenwart sein und wenig Hoffnung für die Zukunft haben. Wir stellten fest, dass das Herstellen eines Settings, in dem Kinder ihre Vergangenheit, ihre Gefühle über die Gegenwart und ihre Hoffnungen für die Zukunft mit anderen teilen können, die ähnliche Schwierigkeiten erfahren haben, hilfreich und angenehm sein kann. Die Vorbereitung in einer Gruppe kann ein Weg sein, das Gefühl der Isolation zu vermindern, das viele Kinder haben, und eine Methode, ihnen zu ermöglichen, ähnliche Gefühle mit anderen zu teilen.

Fremduntergebrachte Kinder halten ihre Familien oft für abnormal, und es kann eine Offenbarung für sie sein, dass ihre Familien genauso wie viele andere sind. Eine Gruppe von fünf Kindern entdeckte in ihrer Untersuchung nicht nur, dass keines von ihnen jemals seinen Vater getroffen bzw. ihn über viele Jahre nicht gesehen hatte, sondern auch, dass sie alle aus Familien kamen, in denen es viele Väter gab, und sie alle Halbbrüder und -schwestern hatten.

Wir merkten, dass keine Versicherung eines Erwachsenen diesen Kindern so geholfen hatte, ihre Familien als normal zu betrachten, wie es das Sprechen und Teilhaben mit ihren Altersgenossen tat.

Um den natürlichen Widerstand des Sprechens über Vergangenheit, Gegenwart und Zukunft zu überwinden, haben wir ein Programm von Treffen ausgearbeitet (acht Kerntreffen und dann einige nachfolgende Treffen), die grob in drei Stadien eingeteilt sind. Das erste Stadium ist, den jungen Leuten zu helfen, ein Bewusstsein für sich selbst zu entwickeln, anzufangen, die inneren Gefühle und Gedanken auszudrücken und sich die Wahlmöglichkeiten anzuschauen, die es für ein fremd untergebrachtes Kind gibt – wovon die Unterbringung in einer Pflegefamilie nur eine ist. Wie ein Lebensbuch helfen könnte, wird als Gespächsthema in der Mitte dieses Stadiums angeschnitten, im zweiten Stadium werden die Bücher individuell gemacht.

»Überbrückende« Arbeit (s. S. 76), das dritte Stadium, welches zum Teil in der Gruppe getan wird, kann erst beginnen, wenn die Möglichkeit der Rückkehr zur leiblichen Familie oder ein Wechsel in eine Pflegefamilie bevorsteht. Manchmal haben wir die Hilfe von Kindern in Anspruch genommen, die Lebensbücher gemacht haben und in diesem »Überbrückungsstadium« erfolgreich untergebracht wurden. Dies erleichtert das Gespräch über Hoffnungen und Ängste außerordentlich, genauso, wie es einen Teil der Realität einfließen lässt.

Die Zusammenstellung einer Gruppe und Arbeit mit ihr

Die Gruppe sollte sorgfältig ausgewählt sein. Es ist eine Arbeitsgruppe, die vielleicht ein störendes Mitglied verkraften kann, selten aber mehr. Alle Pflegeeltern oder Sozialarbeiter oder Heimerzieher der Kinder müssen im Voraus zugestimmt haben, Biografiearbeit mit ihrem Kind zu machen, und wissen, worauf sie sich einlassen. Treffen können mit jenen arrangiert werden, die mit dem Kind zu tun haben, um in groben Umrissen zu erklären, was man macht und die Probleme möglicher Regression zu besprechen.

Üblicherweise arbeiten wir mit sechs Kindern und zwei bis drei Gruppenleitern. Die anfängliche Gruppenarbeit geht über acht wöchentliche Sitzungen von etwa eineinhalb Stunden und schließt einen gemeinsamen Imbiss mit ein. Planung und Aufzeichnung erfordern ein weiteres zweistündiges Treffen der Leiter jede Woche. In der dritten Sitzung wird die Idee eines Lebensbuches vorgestellt.

Der Zweck einer solchen Gruppe ist es, eine Atmosphäre zu schaffen, in der die Kinder frei über ihre Zweifel und Ängste sprechen können. Die Anmerkungen über Vertraulichkeit, die wir vorher gegeben haben, gelten hier natürlich auch. Unsere größte Ideenquelle bezüglich des Inhaltes solcher Gruppen war Violet Oaklanders *Gestalttherapie mit Kindern und Jugendlichen,* und wir schlagen vor, dieses Buch als Teil der Vorbereitung zu lesen. Wir beschreiben hier den Inhalt der Gruppensitzungen, den man, wie die anderen Ideen in diesem Buch, vielleicht für die eigenen Bedürfnisse anpassen muss.

Abhängig von der Jahreszeit und der zur Verfügung stehenden Zeit fanden wir es wichtig, zu einem frühen Zeitpunkt des Gruppengeschehens zusätzlich zu den normalen Sitzungen einen Ausflug zu arrangieren. Wir finden, dies hilft eine Gruppenidentität zu entwickeln.

Ein Programm für eine Gruppenarbeit

1. Sitzung

Vor diesem ersten Treffen wurde jedes Kind von einem der Leiter besucht und bekam eine persönliche Erklärung dessen, was passieren wird.

Die Sitzung beginnt mit einer kurzen Erklärung von Ziel und Zweck der Gruppe und einer Vorstellung der Gruppenmitglieder. Dann beginnen wir die Arbeit mit einigen »Aufwärm«-übungen, bei denen jeder mit einbezogen ist. Zum Beispiel sitzen wir in einem Kreis und werfen einander einen Ball zu, sagen dazu zuerst unseren eigenen Namen, werfen den Ball dann zu einem Gruppenmitglied und nennen dessen Namen, bis der Ball von jeder Person geworfen wurde.

Wir benutzen das Spiel »Ich ging zum Markt und kaufte ein paar Äpfel«. Die nächste Person wiederholt das und fügt ein Wort hinzu, das mit dem nächsten Buchstaben des Alphabets beginnt. Sie könnte sagen: »Ich ging zum Markt und kaufte ein paar Äpfel und ein paar Bananen.« Die nächste Person könnte sagen: »Ich ging zum Markt und kaufte ein paar Äpfel, ein paar Bananen und ein paar Chrysanthemen«, und so weiter, dem Alphabet nach.

Wir gehen dann weiter zum »Brainstorming«. Dafür haben wir einen großen Zeichenblock auf eine Staffelei gestellt. Die Kinder rufen Gedanken zum behandelten Thema heraus, und diese werden auf den Block geschrieben. Kann jedes Kind schreiben, lassen wir sie das tun. Zwei oder drei Themen können in einer Sitzung abgedeckt werden. Das erste Brainstorming Thema ist »Warum sind wir hier?« Wir nutzen die Beiträge auf dem Block als Gesprächsbasis und unterbrechen bald für einen Imbiss, währenddessen das Gespräch weitergeht.

Dann haben wir eine Brainstorming-Runde, um »Gefühlskarten« zu entwerfen, wie die auf Seite 54 beschriebenen. Der Zweck dieser Aktivität ist es, die Idee einzuführen, Gefühle mit Wörtern zu beschreiben. Fordern Sie die Kinder auf, Wörter zu sagen, die Gefühle beschreiben, wie traurig, glücklich, ärgerlich und so weiter. Diese werden auf einzelne Karten geschrieben. Dann zeichnet die Gruppe, einschließlich der Leiter, dazu passende Gesichter. Führen Sie das Spiel fort, indem Einzelne ein »Gefühl« darstellen.

Die letzte Brainstorming-Runde handelt von »Was ist eine Familie?« Die Gedanken dazu, was eine Familie ausmacht, werden dann in einem Gespräch aufgegriffen. Man sollte in diesem Stadium daran denken, nicht die Geschwindigkeit der Gruppe anzutreiben oder versuchen zu führen, wenn es nicht vorwärts geht.

Die Sitzung wird mit einem Gruppenspiel beendet, vielleicht einer Wiederholung von »Ich ging zum Markt«.

2. Sitzung

Man eröffnet die Sitzung mit der gruppeneigenen Version des Spiels »Ich ging zum Markt«. Die Gruppe soll versuchen, die richtige Reihenfolge der Vorwoche zu wiederholen. Man kehrt zu der Arbeit an den »Gefühlskarten« durch weitere pantomimische Darstellung von Gesichtern zurück und fordert dann die Gruppe auf, Gefühle zu erkennen, die einem Gesicht zugeschrieben werden können. Diese »Gefühle« werden auf die Karten geschrieben.

Der Imbiss könnte an dieser Stelle eingenommen werden oder nach der ersten Brainstorming-Runde, wie es besser passt.

Das Brainstorming-Thema ist »Warum werden Kinder fremduntergebracht?« Das könnte für Gruppenmitglieder bedrohlich sein, und vielleicht möchte man eine Distanz zu den Kindern herstellen. Dann könnte man einen Jungen oder ein Mädchen auf den Zeichenblock malen, ihm einen Namen geben und die Sitzung betiteln: »Warum wurde Andreas (oder Julia) fremduntergebracht?« Die Ergebnisse benutzt man zum Gespräch und führt die Unterhaltung vorsichtig dahin, wie »Andreas« sich wohl gefühlt hat. Man ermutigt das Benutzen der vorher eingeführten »Gefühlswörter«.

Was Violet Oaklander »Fantasiereise« nennt, könnte folgen. Sie weist darauf hin, dass Entspannungsübungen nützlich sind, bevor man die Arbeit selbst beginnt. Wir benutzen verschiedene, zum Beispiel:

»Schließe deine Augen. Beginne mit deinen Zehen, spanne sie an. Wandere nach und nach deinen Körper hinauf, spanne jeden Muskel an. Füße, Beine, Oberschenkel und so weiter, bis zum Kopf. Jetzt lässt du langsam diese Spannung los, fühle, wie sie abebbt.«

Dann fordern Sie die Gruppe auf, die Augen zu schließen und schicken sie auf eine Fantasiereise. (Dies führt zu einer Malsitzung, deswegen stellt man Papier und Buntstifte bereit.)

»Wir stellen uns vor, wir wären auf einer Insel. Mach einen Spaziergang über die Insel. Achte auf die Dinge: die Farbe der Blumen, die Vögel, die Tiere, Früchte auf den Bäumen, die Geräusche und Gerüche. Plötzlich betrittst du eine Lichtung, auf der ein großes Schloss steht. Betrete den Schlossgarten. Durchquere ihn. Betrete die Eingangshalle. Sie ist leer. Du siehst eine Treppe. Gehe die Stufen hinauf. Am Ende der Treppe ist ein langer Flur. Du läufst ihn entlang und bemerkst, dass Namen an den Türen sind. An der Tür, auf der dein Name steht, hältst du an. Betrete den Raum. Schau dich in Ruhe um. Merke dir die Sachen. Wie sieht der Raum aus? Ein letzter Blick rundherum. So, jetzt öffne deine Augen.«

Nun fordern Sie die Gruppe auf, nicht zu sprechen, sondern ein Bild von dem zu malen, was sie in dem Raum sah. Die Leiter können auch Bilder malen.

Wenn die Bilder fertig sind, fordert ein Gruppenleiter Einzelne auf, ihre Bilder den anderen mitzuteilen. Lassen Sie die Kinder die Bilder in ihren eigenen Worten beschreiben. Lassen Sie sich nicht verleiten, die Bilder zu deuten. Stattdessen könnten Sie zum Beispiel, wenn ein Kind ein Sofa gemalt hat, fragen, was das Sofa denkt oder fühlt. Was sagt es? Normalerweise schreiben wir die Bildkommentare des Kindes auf und ermutigen die Benutzung von »Gefühlsworten«, wenn es passend ist.

Violet Oaklander (1981, S. 73) glaubt, dass es wichtig ist, Kinder zu ermutigen, sich selbst mitzuteilen. Sie betrachtet das als eine Methode der Förderung der Selbstentdeckung des Kindes, es zu bitten, »näher auf einzelne Teile des Bildes einzugehen; bestimmte Teile klarer und deutlicher zu machen; die Formen, Farben, gegenständlichen Darstellungen, Personen zu beschreiben«.

Diese Sitzung könnte mit dem Spielen eines ruhigen Spieles beendet werden wie »schlafende Löwen«. Jeder streckt sich auf dem Boden aus und gibt vor, ein schlafender Löwe zu sein. Ein Mitglied versucht, ohne jemanden körperlich zu berühren, die anderen in Bewegung zu bringen. Er oder sie kann Gesichter schneiden, vorgeben, auf ein Gruppenmitglied zu springen, andere anzupusten, aber er darf niemanden berühren. Jede Bewegung oder jedes Geräusch bedeutet, dass eine Person nicht länger ein schlafender Löwe ist und deswegen aus dem Spiel ausscheidet.

3. Sitzung

Man beginnt mit einem Gruppenspiel, vielleicht noch einmal »Ich ging zum Markt«. Dann folgt eine Brainstorming-Runde zu »Was ist ein Kinderheim?« mit anschließendem Gespräch. Dann fahren Sie mit einer Brainstorming-Runde über »Wie fühlte sich Andreas an seinem ersten Tag, als er untergebracht wurde?« fort und lassen darauf ein Rollenspiel über »Andreas«, der fremduntergebracht wird folgen, bei dem die Kinder verschiedene Rollen spielen.

Darauf könnte die Imbisspause folgen, während der das Gespräch weitergeht.

Eine weitere Fantasiereise von Oaklander (1981, S. 49ff.) könnte sich dann anschließen:

»Schließe deine Augen. Stell dir vor, du bist eine Rose. Welche Art von Rosenbusch bist du? Bist du sehr klein? Bist du groß? Bist du dick? Bist du lang? Hast du Blüten? Wenn ja, welcher Art? Wie sehen dein Stamm und deine Äste aus? Wie sehen deine Wurzeln

aus? Hast du irgendwelche Wurzeln? Hast du Blätter? Welcher Art? Hast du Dornen? Wo stehst du? In einem Garten? In einem Park? In der Wüste? In der Stadt? Auf dem Land? In der Mitte des Meeres?

Bist du in einem Blumentopf oder wächst du in der Erde, oder durch Zement oder auch irgendwo im Haus? Was ist um dich herum? Gibt es da Blumen, oder bist du allein? Gibt es Bäume, Tiere, Menschen, Vögel?

Sieht du wie ein Rosenbusch aus oder wie etwas anderes? Umgibt dich irgendetwas wie ein Zaun, wenn ja, wie sieht er aus? Oder befindest du dich einfach auf einer freien Fläche?

Wie ist es, ein Rosenbusch zu sein? Wie bleibst du am Leben? Sorgt jemand für dich?

Wie ist im Augenblick das Wetter für dich?

Öffne deine Augen. Male dich selbst als einen Rosenbusch.«

Ermutigen Sie die Kinder, von ihren Bildern zu erzählen. Schreiben Sie die Gedanken und Gefühle des Rosenbuschs auf die Zeichnung. Lassen Sie sich nicht verleiten, dem Kind die Zeichnung zu deuten.

Jetzt ist es an der Zeit, die Idee des Lebensbuches vorzustellen. Zuerst macht man ein Brainstorming zu der Frage »Was sind Lebensbücher?« Die Beiträge einer Gruppe auf dem Zeichenblock waren:

Du liest sie

Vögel und die Bienen

Biografie

Du schreibst sie

Du findest sie gut

Ich mag sie nicht

Du klebst Fotos hinein

Schrecklich

Du fühlst dich schlecht, wenn du über Dinge nicht sprichst

Benutzen Sie das Material auf dem Zeichenblock für ein Gespräch, räumen Sie dabei ein und akzeptieren Sie, dass das Herstellen eines Lebensbuches schmerzlich sein kann. Man fährt damit fort, wie jemand anbieten wird, mit jedem Einzelnen der Gruppe ein Lebensbuch zu machen. Die Sitzung wird mit einem ruhigen Spiel beendet.

Nach dieser Sitzung sollte man ein Treffen mit denen haben, die einzeln mit jedem Kind an einem Lebensbuch arbeiten werden. Der Zweck ist, einen groben Umriss der Gruppenarbeit zu geben, zu erklären, wie man Material benutzte und die gegenseitige Unterstützung. Dieses Treffen ist vor allem wichtig, wenn das Kind Anzeichen von Regression zeigt.

4. Sitzung

Man fängt mit einem einfachen Spiel an. Von jetzt an kann die Arbeit lockerer strukturiert sein. Manchmal bringen wir einen Karton mit Spielpuppen und Handpuppen mit und warten, bis die Kinder die Initiative übernehmen. Häufig haben wir Gespräche zwischen den Puppen und den Handpuppen, sprechen darüber, was sie denken und fühlen. Das kann zu Rollenspielen über etwas führen, was eine Puppe oder Handpuppe »gesagt« hat.

Für eine andere Gruppenaktivität hat ein Leiter einen großen Bogen Karton, auf den er oder sie einen Umriss zeichnet und sagen und schreiben könnte »Das bin ich, in einem roten Kreis. Ich bin ganz allein.« Jemand anderes zeichnet dann einen Umriss irgendwo auf den Karton, gibt einen Kommentar und schreibt ihn nieder. (Wenn wir wissen, dass einer aus der Gruppe Schwierigkeiten mit dem Schreiben hat, übernimmt einer der Leiter die Verantwortung für das Niederschreiben aller Kommentare.) Das Spiel geht so lange, bis jeder mindestens zwei Umrisse gezeichnet hat.

In die weitere Arbeit bringen Sie diese Brainstormings ein: »Was ist eine Familie?« »Was ist ein Kinderheim?« »Was ist eine Pflegefamilie?« Es ist manchmal nützlich, zu früheren Brainstormingthemen zurückzukommen wie »Was ist ein Kinderheim?« Die Auffassung der Gruppe wird sich mit der Zeit verändern.

Erlauben Sie den Kindern, ihre Gefühle auszudrücken. Wenn sie negative Kommentare abgeben, versuchen Sie nicht, sie zu etwas anderem zu überreden. Diese Themen wecken normalerweise Ängste bezüglich der Vertraulichkeit. Wenn dem so ist, beruhigen Sie die Gruppe. Sie könnten zu einem Brainstorming zu »Wem kannst du trauen?« überleiten.

Wenn wir Zeit haben, benutzen wir Vera Fahlbergs »Drei-Eltern-Modell« (s. S. 83), um zum besprechen, wie die Fremdunterbringung die Rechte und Verantwortung der leiblichen Eltern verändert; um den Kindern zu versichern, dass niemand ihnen wegnehmen will, was sie bei ihrer Geburt mitbekamen und zur Erklärung der Position der Pflegeeltern.

5. Sitzung

Man beginnt mit »Ich ging zum Markt«, gefolgt von einem Gruppenspiel wie »Du hast es wieder getan, Meike«. In diesem Spiel steht die Gruppe in einem Kreis, einer steht in der Mitte. Ein anderer Mitspieler tritt in den Kreis und sagt: »Du hast es wieder getan, Meike, du hast (zum Beispiel) die Miete seit fünf Wochen nicht gezahlt.« Die erste Person kann entweder darauf antworten, indem sie erklärt, warum »Meike es wieder getan hat«, oder eingestehen, dass dies so ist und in den Kreis zurückkehren. Wenn »Meike« rausgeht, wird der Kläger die neue »Meike«, und ein anderer Spieler tritt in den Kreis, um eine neue Beschuldigung hinzuzufügen. »Du hast es wieder getan, Meike, du hast ...«. Und so geht das Spiel weiter, bis jeder einmal dran kam oder das Interesse nachlässt. Die Gruppe unterbricht dann für ihren gemeinsamen Imbiss.

Danach benutzen wir ein von Oaklander (1981, S. 129ff.) empfohlenes Gedicht. Es wurde von einem achtjährigen Mädchen geschrieben und aus dem Türkischen übersetzt. Man liest es laut vor, während die Gruppe mit geschlossenen Augen dasitzt. (Dieses Gedicht kann gewaltige Reaktionen auslösen, man muss versuchen, abzuschätzen, ob die Gruppe reif dafür ist.)

Die Gruppe zeichnet dann Bilder, und die Betreuer sprechen mit jedem Kind über sein Bild.

Da ist ein Knoten

In mir ist ein Knoten
Ein Knoten, der nicht gelöst werden kann
Fest
Er schmerzt

Als ob sie einen Stein
in mich gesteckt hätten
Immer denke ich an frühere Tage
als ich in unserem Sommerhaus spielte
zur Großmutter ging
bei Großmutter blieb
Ich möchte, dass diese Tage wiederkehren
Vielleicht wird sich der Knoten lösen, wenn sie wiederkehren
Aber in mir ist ein Knoten
So fest
Und er schmerzt
Als ob ein Stein in mir wäre.

Ein dreizehnjähriges Mädchen schrieb ihr eigenes Gedicht, das wir auch benutzen:

Ich möchte fliegen
Ich möchte, aber ich kann nicht
Ich bin nicht dafür bestimmt
aber ich möchte gerne
Ich bin dafür bestimmt, ich zu sein

Warum?
Aus einem bestimmten Grund!
Ich wünschte, ich wäre ein Vogel
könnte fliegen und frei sein
Ich fühle, ich bin eingesperrt

Irgendwie bin ich, was ich bin
Keiner kann das verändern oder schaffen
aber ich wünsche es mir

Sie könnten vorschlagen, Andreas/Julia aus der dritten Sitzung zu zeichnen mit ihrem Knoten innendrin. Dies könnte zu einem Gespräch darüber führen, wie Andreas/Julia den anderen im Kinderheim erzählen könnten, wie sie sich innendrin fühlen.

In diesem Stadium des Gruppengeschehens müssen Sie für die Themen sensibel sein, die die Gruppe zur Sprache bringen will. Zum Beispiel könnten Gruppenmitglieder, besonders ältere Kinder, den Abbruch einer Unterbringung in einer Pflegefamilie erlebt haben und darüber sprechen wollen.

Eine Gruppe machte ein Brainstorming zu den Vor- und Nachteilen, in einer Pflegefamilie zu sein:

Vorteile	**Nachteile**
Ein Ort, an den man gehen und wo man leben kann	Abbruch
Verbessert dein Leben	Ruiniert dein Leben
Du magst sie	Verschwendete Zeit
Besser als dein eigenes Zuhause	Es ist nicht dein eigenes Zuhause

Am Ende der Sitzung schließt man mit einem leisen, entspannenden Spiel.

6. Sitzung

Beginnen Sie mit einem Spiel. Es könnte ein »Kritzelspiel« sein (Oaklander 1981, S. 55ff.). Jeder steht und hat Platz um sich herum. Alle schließen ihre Augen und tun so, als ob sie auf einen riesengroßen Papierbogen kritzeln. Dann bekommt jeder Papier und Stifte, schließt die Augen und gibt das Gekritzel auf seinem Papier wieder. Wenn sie die Augen öffnen, sollen sie versuchen, die geschaffenen Formen zu erkennen.

Dann können sie dazu übergehen, ein Bild einer Situation zu zeichnen, in der sie ausgelacht wurden. Wenn das zu bedrohlich ist, können sie eine Situation zeichnen, in der Julia/Andreas ausgelacht wurde. Alternativ können sie eine andere Fantasiereise machen, bei der ein Boot in einem Sturm beschrieben wird, während die Gruppe mit geschlossenen Augen dasitzt. Dann zeichnet die Gruppe, was sie gesehen hat. Danach kann der Imbiss zusammen eingenommen werden.

Machen Sie mit einer Gruppengeschichte weiter. Wir haben einige Karten mit Bildern von Häusern, Autos, einer Katze, einem Hund, einem Adler, Kleidungsstücken und so weiter. Wir legen ein Bild auf den Tisch und sagen etwas dazu, zum Beispiel »Das ist ein

Haus in einer Stadt«. Die nächste Person sagt etwas Weiteres dazu, wie etwa »und ein Stück Dynamit kam vorbei, um es in die Luft zu sprengen«. In einer Gruppe legte jemand ein Bild von einer Katze hin und fügte hinzu: »Ein Löwe kam vorbei und begann zu brüllen.« Darüber machte sich die Gruppe lustig, und es wurde jedesmal erwähnt, wenn wir Sachen erfanden.

Man kann dann ein Brainstorming machen zu »Wie können wir Pflegefamilien finden?«

Bei älteren Kindern versuchen wir ihnen im Umgang mit diesem Thema verstehen zu helfen, wie schwer es ist, Ersatzfamilien für sie zu finden. Das kann vor der Brainstorming-Runde besprochen werden, und es kann ein Gespräch darüber folgen, wie man Ersatz- oder Pflegefamilien findet.

In diesem Stadium werden die Kinder ihre zuständigen Sozialarbeiter treffen und an ihren Lebensbüchern arbeiten. Wir schauen uns an, was sie tun und ob dies bei der Fremdunterbringung hilfreich sein könnte.

Man kann hier Rollenspiel benutzen:

Das Interviewen von Pflegeeltern.

Andrea's/Julia's erster Besuch in einer neuen Pflegefamilie.

Ein Problem, das in einer Pflegefamilie auftauchen könnte, wie etwa, dass Andreas beim Rauchen erwischt wird oder Julia beschuldigt wird zu stehlen.

Häufig unterbrechen wir das Rollenspiel mittendrin und lassen die Teilnehmer die Rollen tauschen. Wir ermutigen sie, darüber zu sprechen, wie man sich in der Rolle »fühlt«. Wir unterbrechen das Rollenspiel und laden die Gruppe ein zu sagen, was die verborgene Stimme des Kindes, die der Pflegeeltern oder des Sozialarbeiters in ihnen sagen könnte. Wenn es passt, benutzen wir das Kerzenritual (s. S. 80), um die »drei Eltern« aus der früheren Sitzung zu vervollständigen.

Wir schließen wie immer mit einem entspannenden Spiel.

7. Sitzung

Wir benutzen diese Sitzung, um zu zeigen, wie hilfreich ein Lebensbuch sein kann, indem wir die Unterstützung eines älteren Kindes in Anspruch nehmen, das ein Lebensbuch gemacht hat und einige Zeit fremduntergebracht war. Dieses Kind muss sich sicher fühlen können, und Sie werden einige Zeit mit ihm verbringen müssen, um es bei der Vorbereitung zu unterstützen. Zum Ende der Sitzung hin könnten auch die Pflegeeltern des Kindes mit in das Gespräch einbezogen werden. Haben Kinder den Abbruch eines Pflegeverhältnisses erlebt, unterbrechen sie oft die Sitzung, um über ihre Erfahrungen zu sprechen und Vergleiche anzustellen.

Thomas, dessen Geschichte wir auf Seite 72 schilderten, hat in solchen Gruppen über sein Leben gesprochen. Als er den Teil seiner Geschichte erreichte, wo er seine leibliche Mutter zum ersten Mal traf, entfachte das ein Feuerwerk an Fragen: »Wie war es?«, »Hast du geweint?«, »Hat sie geweint?«, »Habt ihr euch geküsst?«. Thomas'« Antwort verdutzte sie. »Nein. Ich fühlte kein bisschen was. Es hätte irgendjemand auf der Straße sein können. Ich fühlte nichts.«

Ein Kind fragte Thomas, wie er sich seine Mutter vorgestellt hatte. »Groß und reich« war die seltsame Antwort. Dies demonstriert sicher lebhaft, welche Fantasiebilder wir alle in unseren Köpfen haben.

Häufig wird die Gruppe diese Sitzung benutzen, um über ihre Gefühle gegenüber ihren leiblichen Familien zu sprechen. Die Gruppensitzung sollte mit einem optimistischen Ton enden, indem die Mitglieder verstehen, wie hilfreich das Machen eines Lebensbuches beim Ergründen der Vergangenheit ist.

8. Sitzung

Das ist die letzte Sitzung der ersten Phase, und sie muss so organisiert sein, dass die Gefühle des Verlustes, die bei allen auftreten werden, aufgefangen werden. Fangen Sie mit einem Gespräch über die vorhergehende Sitzung an. Fordern Sie die Teilnehmer auf, etwas zu zeichnen, an das sie sich erinnern und benutzen Sie ihre Bilder für ein Gespräch.

Nehmen Sie gemeinsam den Imbiss ein, vielleicht etwas besonders Gutes, um den Anlass zu unterstreichen. Fahren Sie fort mit Brainstorming »Wofür war diese Gruppe gut? Was sollte in der nächsten Gruppe für andere Kinder enthalten sein?«. Man schließt eine ruhige Zeichen-Runde an, in der die Gruppenmitglieder sich gegenseitig Karten zeichnen können. Beenden Sie mit einem Brainstorming zu »Wie fühlen wir uns?«

Es sollte mindestens zwei darauf folgende Gruppentreffen geben, in sechswöchigen Intervallen. Bevor die Gruppe geht, erinnern Sie sie daran, dass sie sich wieder treffen werden.

Vor dem nächsten Gruppentreffen trifft man sich mit den persönlichen Sozialarbeitern der Kinder, um über die Fortschritte zu reden, die sie mit dem Lebensbuch machen, und um allgemeine Gesichtspunkte der Gruppe zu besprechen.

9. Sitzung

Diese sollte sechs Wochen, nachdem die Kerntreffen beendet sind, stattfinden. Wenn für einige Kinder Ersatzfamilien gefunden wurden, kann die Aufmerksamkeit auf die »Überbrückungsarbeit« gerichtet sein. Wenn möglich, sollten die Leiter mindestens einmal in den dazwischenliegenden sechs Wochen Kontakt gehabt haben. Schicken Sie eine Woche vor dem Treffen einen Brief, um die Kinder an den Termin zu erinnern, und schlagen Sie darin vor, dass sie ihr Lebensbuch mitbringen können.

In dem Treffen kann es locker strukturiert darum gehen, was man in früheren Sitzungen gemacht hat. Wir stellten fest, dass viele Kinder bereit sind, ihre Lebensbücher der Gruppe zu zeigen. Das kann ein Gespräch über die Gefühle anregen, die beim Machen der Bücher ausgelöst wurden.

An die Ersatzfamilien werden unweigerlich Erwartungen gestellt worden sein. Bei älteren Kindern haben diese sich vielleicht nicht erfüllt. Die Gruppe wird sich diese Realität anschauen müssen und Hilfe brauchen, um über ihre Enttäuschungen und Frustrationen zu sprechen.

Während der sechs Wochen bis zum nächsten Treffen werden weitere Treffen mit den Sozialarbeitern der Kinder stattfinden.

10. Sitzung

Zweck dieser Sitzung ist, die während der Gruppentreffen erworbenen Fähigkeiten zu verstärken: die Fähigkeit der Kinder, über ihre Hoffnungen, Ängste und Schmerzen zu reden. Der Schwerpunkt dieses Treffens wird davon abhängen, was in ihrem Leben passiert ist oder passieren wird. Sind einige Kinder jetzt fremduntergebracht, könnte es nützlich sein, ihre mitgeteilten Erfahrungen zu erforschen.

Idealerweise sollte es in Abständen weitere Treffen geben, um den Gruppenmitgliedern zu helfen, einander gegenseitige Unterstützung zu geben. Zwischen diesen Treffen sollten weitere Gespräche mit den einzelnen Pflegeeltern der Kinder stattfinden.

11. Die Arbeit mit behinderten Kindern[6]

von Ann Atwell

Geistig behinderte Kinder haben dieselben »kindlichen« Bedürfnisse wie jedes andere Kind, und das bedeutet, eine genaue Darstellung ihrer persönlichen Geschichte zu haben.

Gegen Biografiearbeit mit geistig behinderten Kindern kann es Widerstand geben, und diejenigen, die mit diesen Kindern umgehen, sollten ihre eigenen Gefühle dazu überprüfen. Einer der häufigsten Gründe ist, dass manche Sozialarbeiter von geistiger Behinderung sehr unangenehm berührt sind und als Folge den Kontakt vermeiden. Es ist wichtig, dies zu erkennen und entweder zu akzeptieren und nicht in die Arbeit mit Menschen mit einer geistigen Behinderung involviert zu werden oder aber eine zusätzliche Schulung zu absolvieren, die Schwierigkeiten überwinden hilft. Ein zweites Problem bei der Durchführung dieser Arbeit ist, dass der Betreuer Schwierigkeiten hat, mit einer behinderten Person zu kommunizieren und nicht in der Lage oder nicht willens ist, sich Zeit zu nehmen, um zu lernen, wie die behinderte Person am liebsten kommuniziert. Drittens gibt es manchmal den Wunsch, das Kind mit einer geistigen Behinderung überzubehüten und somit jede Arbeit zu vermeiden, die möglicherweise beunruhigend oder schmerzhaft sein könnte.

Eine andere Barriere für Biografiearbeit ist die dauerhafte Annahme, dass man keine Familien finden wird, die ein geistig behindertes Kind aufnehmen möchten. Das kann zum Aufschub lebenswichtiger Arbeit führen, bis eine Familie gefunden wird, die dem behinderten Kind den Raum und die Zeit gibt, seine eigene Lebensgeschichte zu verinnerlichen und den Verlust der leiblichen Familie zu betrauern, bevor es in eine neue Familie geht.

6 Anmerkung der Übersetzerin: Im Original ›children with a learning disability‹, was Lernbehinderung bis hin zur geistigen Behinderung umfasst. Im folgenden Text werden je nach Situation die verschiedenen Bezeichnungen benutzt.

Wie Kommunikation stattfindet

Einer der verbreitesten Gründe, warum keine Biografiearbeit stattfindet, ist die Annahme, dass die geistige Behinderung der Kinder zu schwer ist, um sie durchzuführen. Aber nehmen wir den Fall von Fiona, 13 Jahre alt. Sie war sowohl stark geistig als auch körperbehindert. Im Alter von drei Jahren verbrachte sie die meiste Zeit damit, ausgezogen in ihrem Kinderbett zu sitzen: Sie hatte sich selbst all ihrer Kleidung und des Bettzeuges entledigt bis auf eine Decke, unter der sie sich, in Fötalstellung in der Ecke ihres Bettes sitzend, versteckte. Sie hatte nur einige wenige Haarbüschel, weil sie sie sich Hände voll herausriss, ihre Haut blutete und war vernarbt von Selbstverletzungen durch Kratzen und Beißen, sie hatte häufig Schreianfälle und schlug regelmäßig ihren Kopf an. Sie konnte nicht laufen oder sprechen, und sie widersetzte sich der Annäherung des Personals, ihr näher zu kommen und mit ihr zu schmusen. Weil unklar war, wie viel sie verstand, bestand die einzige Biografiearbeit darin, ihr regelmäßig zu erzählen, wo ihre Familie war und warum sie im Krankenhaus war, ebenso den Plan, sie in einer Pflegefamilie unterzubringen. Dies rief keine Reaktion bei Fiona hervor, außer die ihrer üblichen Anfälle.

Als sie bei einer Pflegefamilie untergebracht war, zeigte Fiona gewisse Fähigkeiten, die Umwelt zu verstehen und ihre Wünsche mitzuteilen. Wann immer die Familie zum Beispiel einen Ausflug in die nahe gelegene Stadt unternahm, in der Fiona gelebt hatte, erkannte sie an den Vororten die Stadt und wurde aufgeregt und unglücklich. Dies passierte bei jeder Gelegenheit und konnte nicht als Zufall abgetan werden. Sie hatte auch regelmäßig einen Anfall, der sich manchmal aber legte, wenn sie zu einem Autoausflug aufbrachen. In dieser Zeit fragte sich der Pflegevater, ob Fionas Anfall ihre Art war, ihn daran zu erinnern, seinen Sicherheitsgurt zu schließen, was er normalerweise nicht tat, bevor er nicht um die erste Ecke ihres Hauses gefahren war (ungefähr 10 Meter). Als diese Theorie getestet wurde, erwies sie sich als richtig. Wenn der Pflegevater sich »anschnallte«, hatte Fiona nicht ihren üblichen Anfall. Jede dieser Situationen wurde früher als »Fiona hat nur einen ihrer Anfälle« eingeordnet, und nur durch genaue Beobachtung wurde realisiert, dass sie kommunizierte. So ist es eine der grundlegenden Lektionen von Fionas Geschichte, anzunehmen, dass Menschen mit schwerer geistiger Behinderung kommunizieren können.

Das Kind zu verstehen wird anfänglich oft als Problem gesehen, es ist aber fundamental und bestimmt, wann und wie zu beginnen ist. Ist zum Beispiel ein Kind hyperaktiv und besitzt wenig Konzentrationsfähigkeit, ist es vielleicht zwecklos, traditionelle Biografiearbeit zu erwägen, weil die Methode des Sitzens, Schreibens und Malens für ein hyperaktives Kind besonders schwierig ist. Jonas war ein solches Kind, und anstatt ein Lebensbuch zu machen, hatte er mehr von sich häufig wiederholenden Ausflügen in das Gebiet, in dem er aufwuchs, mit Besuchen des Familienhauses und der örtlichen Geschäfte, Parks usw., die alle auf Videofilm aufgenommen wurden. Auch wenn Jonas normalerweise wenig Fernsehen schaute, war er davon gefesselt, sich selbst im Fernsehen mit Leuten und an Orten zu sehen, an die er sich erinnerte. Er wollte sich das immer wieder anschauen und jedem, der sich dafür interessierte, erzählen, wo die Bilder aufgenommen wurden und was sie zeigten. Solch eine Kombination von Methoden, die das physische Besuchen wichtiger Personen und Orte und das Aufnehmen dieser auf Video umfasst, lieferte eine verständliche und leicht zugängliche Lebensgeschichte für Jonas.

Wer sollte Biografiearbeit machen?

Bei der Überlegung, wie man Biografiearbeit mit geistig behinderten Kindern anpackt, ist es auch wichtig zu bedenken, wer am besten zu dieser Arbeit in der Lage wäre. Weil die Fähigkeit, das Kind zu verstehen und mit ihm zu kommunizieren ausschlaggebend ist, sollte sie von der Person durchgeführt werden, die am besten mit dem Kind kommuniziert, statt immer vom Sozialarbeiter des Kindes. Ein Betreuer im Heim könnte zum Beispiel der wichtigste und auch vertrauenswürdigste Erwachsene für ein Kind sein. Bei manchen Kindern, die früher eine beträchtliche Zeit zu Hause verbracht haben, ist in der Familie vielleicht eine Fülle von Familienkenntnissen noch vorhanden, die wesentlich für die Biografiearbeit des Kindes sein kann. Zum Beispiel sind die Familienmitglieder vielleicht in der Lage, Accessoires des Familienlebens zu benennen, die man in eine Videoaufzeichnung oder ein Lebensbuch einbeziehen kann. Manchmal gibt es ein Spielzeug oder Familienschmuck, welche eine damit verbundene Geschichte haben oder besonders wichtig waren, manchmal hat ein Musikstück, wie die Titelmelodie eines Fernsehprogramms, eine besondere Bedeutung für die Familie. Durch das Einbeziehen solcher Reize ist es einfacher, die Aufmerksamkeit des Kindes aufrechtzuerhalten und es hilft, Verbindungen zu schaffen.

Die Benutzung verschiedener Methoden

Für lernbehinderte Kinder, die vielleicht Schwierigkeiten mit der Kommunikation durch Sprache haben oder denen es am Gebrauch eines oder mehrerer Sinne mangelt, ist es möglich, Biografiearbeit zu entwickeln, die nicht nur von visuellen Methoden abhängt, sondern die Stimulation anderer Sinne miteinschließt. Für den blinden David zum Beispiel wurden in seine Biografiearbeit viele taktile Reize eingestreut, zum Beispiel die Knöpfe einer Jacke einer geliebten Person, eine Muschel von einem Familienausflug ans Meer, getrocknete Blumen aus dem Garten. Auch ein parfümiertes Taschentuch mit dem Lieblingsparfüm seiner leiblichen Mutter war enthalten. Für Kinder wie David ist es zudem hilfreicher, mehr auditive als visuelle Methoden der Biografiearbeit zu benutzen, und seine geschriebene Lebensgeschichte wurde auch auf Kassette aufgenommen. Mit dieser Methode ist es möglich, eine gesprochene Mitteilung der leiblichen Eltern zu übermitteln, was meistens besser ist als der eher traditionelle Brief, den manche Eltern an ihr Kind schreiben. Natürlich hängt das davon ab, wie zweckmäßig es an diesem Punkt ist, die Eltern in diesem Maß einzubeziehen. Eine positive Einbeziehung der leiblichen Eltern auf diese Art – Lebensgeschichte per Video – ist möglich. Welchen größeren Anreiz könnte es für ein Kind geben, als von seinen Eltern oder anderen Familienmitgliedern die Stimme zu hören oder das Gesicht zu sehen. Diese Arbeit setzt die Kooperation der leiblichen Familie voraus. Hat die Ursprungsfamilie den schmerzhaften Prozess des Verzichtens auf das Kind durchgemacht, ist dies oft ein hilfreicher Weg, um sie konstruktiv in einen Teil der Zukunft des Kindes miteinzubeziehen.

Beim Erwägen der Biografiearbeit mit einem Kind, das schwer

behindert ist und vielleicht einige Jahre in einem Heim gelebt hat, kann eine der Schwierigkeiten sein, dass das Kind keine oder bestenfalls sehr wenig Vorstellung von einem »normalen Familienleben« hat. Bevor man einem solchen Kind hilft, den Wechsel zum Beispiel in eine Pflegefamilie zu planen, ist es notwendig, eine Methode zu finden, die dem Kind zuerst den Begriff »Familie« verstehen hilft. Simon war ein solcher Junge, und mittels eines aufstellbaren Hauses aus Pappe und ausgeschnittener Figuren, auf die die echten fotografierten Gesichter der Familienmitglieder, des Personals und der Kinder des Kinderheimes geklebt wurden, war ein Schritt getan, um Simon ein Gefühl dafür zu geben, wer in welchen Haushalt gehört. Als Simons Mutter und Bruder zu wichtigen Personen für ihn wurden und regelmäßige Kontakte nach der Unterbringung in seiner neuen Familie fortbestanden, wurde ein weiteres aufstellbares Haus gemacht, um die neue Familie darzustellen. Dann konnte man mit Simon in einigen Sitzungen daran arbeiten, ihm zu vermitteln, dass seine leibliche Mutter und sein Bruder Zeit in dem neuen Haus verbringen würden, und ebenso, dass er vom Kinderheim in das neue Haus und die neue Familie umziehen würde.

Beim Wählen eines »dritten Objektes« als Ansatz von Biografiearbeit kann einige Vorsicht geboten sein, weil dies manchmal die Aufgabe komplizieren oder das behinderte Kind verwirren kann, das vielleicht nicht gleich eine Verbindung herstellen kann zwischen, sagen wir, einer Puppe und ihm selbst, oder einer Geschichte über ein Tier. Weitaus besser ist es, mit direkten Bezügen zu arbeiten und diese so einfach wie möglich zu halten, angepasst an die Fähigkeiten und Möglichkeiten dieses einzelnen Kindes.

Auch bei einem Kind mit leichter bis mäßiger geistiger Beeinträchtigung, das deswegen vielleicht Schreiben und Malen kann, muss das traditionelle Lebensbuch nicht unbedingt der bevorzugte Weg sein, seine Geschichte aufzuzeichnen. Wenn ein Kind zum Beispiel schreiben und malen kann, nicht aber daran interessiert ist, sich an diese Art der Arbeit zu setzen und lieber mit Computerspielen spielen will, kann man die Hilfe von jemandem mit Computerkenntnissen in Anspruch nehmen. Er kann dann die Geschichte des Kindes auf eine Art und Weise am Computer umsetzen, die das Interesse des Kindes weckt.

Zusammengefasst:

- ***Haben Sie keine Angst davor, die Arbeit in Angriff zu nehmen.***
- ***Entscheiden Sie, wer die geigneteste Person für diese Arbeit ist.***
- ***Die Mittel und Möglichkeiten von Kommunikation müssen verstanden werden.***
- ***Finden Sie die Fähigkeiten und Interessen des Kindes heraus.***
- ***Konstruieren Sie eine oder mehrere Methoden, die dies berücksichtigen.***

12. Die Arbeit mit sexuell missbrauchten Kindern

von Gerrilyn Smith

Um Biografiearbeit mit Kindern zu machen, die sexuell missbraucht wurden, werden Sie einige bereits in vorherigen Kapiteln beschriebene Methoden und Aufgaben beachten müssen. Bei einigen Kindern ist der sexuelle Missbrauch bekannt und hat vielleicht zu der Herausnahme aus ihrer leiblichen Familie geführt. Die Arbeit mit diesen Kindern ist weniger problematisch als die mit Kindern, bei denen der sexuelle Missbrauch in ihrer Herkunftsfamilie noch nicht aufgedeckt wurde.

Kinder bei denen bekannt ist, dass sie sexuell missbraucht wurden

Arbeitet man mit einem Kind, bei dem der sexuelle Missbrauch bekannt ist, ist es wichtig, dies als Tatsache anzuerkennen. Das kann viel Zeit bei der Biografiearbeit sparen. Viele Kinder, die betreut werden, wissen nicht, was andere Leute über sie wissen. Vielleicht wissen sie nicht, ob es in Ordnung ist, über ihre vergangenen Erfahrungen zu sprechen. Indem man das Thema des sexuellen Missbrauchs früh zur Sprache bringt, signalisiert man dem Kind, dass man mit ihm darüber reden wird. Vielleicht möchte man auch wissen, wer noch mit dem Kind darüber gesprochen hat. Wenn mit dem Kind nur sehr wenig an seiner Missbrauchserfahrung gearbeitet wurde, sollte man sich auf eine längere Arbeit vorbereiten, als man ursprünglich vorgesehen hatte. Biografiearbeit sollte keine Therapie ersetzen. Die Biografiearbeit sollte aufgabenzentriert bleiben und wichtige Erfahrungen aufzeichnen, die das Kind behalten kann. Das Sprechen mit einem Betreuer in der Biografiearbeit wird das spätere Gespräch in der Therapie einfacher machen. Vielleicht wird während der Biografiearbeit einem selbst oder dem älteren Kind, mit dem man arbeitet, klar, dass weitere Arbeit notwendig ist.

Es gibt einige wichtige Mitteilungen, die man dem Kind über dessen Erfahrung des sexuellen Missbrauchs machen muss.

Glauben

Es ist wichtig zu zeigen, dass man dem Kind Glauben schenkt. Vielleicht kann man auch erklären, warum es für Kinder schwierig ist, über sexuellen Missbrauch zu reden, und darauf hinweisen, dass manchmal, nachdem Kinder gesprochen haben, sie sich an andere Dinge des Missbrauchs erinnern, die sie noch niemand erzählt haben. Man muss das Kind wissen lassen, dass es in Ordnung ist, sich zu erinnern. Vielleicht kann man auch darüber sprechen, warum manche Kinder es lieber vergessen würden oder sagen, es wäre nicht passiert, obwohl es doch passierte. Man kann eine Liste der Personen machen, die dem Kind glaubten und von denen, die ihm nicht glaubten, einschließlich der Mitglieder der Familie des Kindes und der Verwandtschaft. Das kann einem Kind verstehen helfen, warum es nicht länger in seiner Herkunftsfamilie lebt. Wenn seine Herkunftsfamilie nicht glaubt, dass sexueller Missbrauch stattgefunden hat, wird es unmöglich für sie sein, das Kind in der Zukunft zu beschützen.

Richtig und falsch

Man muss einige Bemerkungen zum Richtig und Falsch bei sexuellem Missbrauch äußern, die entwicklungsangemessen sind, wie zum Beispiel: »Es ist richtig, dass Kinder es Erwachsenen erzählen.« »Es ist falsch, dass Erwachsene Kinder sexuell missbrauchen.« Das können wichtige Mitteilungen für die Kinder sein, die Anzeichen von sexualisiertem Verhalten zeigen oder die sich eindeutig sexuell an anderen Kindern vergehen. Vielleicht muss man zeigen, dass man versteht, warum sich ein Kind an anderen Kindern sexuell vergeht, dass aber die Geschichte einer sexuellen Ausbeutung keine Entschuldigung ist, dies anderen anzutun.

Was passierte

Es kann nützlich sein, aus der Sichtweise des Kindes aufzuzeichnen, was passierte. Was sagte oder tat seine Mutter? Was war mit seinem Vater? Seinen Brüdern und Schwestern? Aufzuzeichnen, was nach Ansicht des Kindes hätte passieren sollen, kann hilfreich sein. Das ist wichtig, da man dabei nicht nur was passierte feststellt und aufzeichnet, sondern dem Kind auch eine Modellantwort liefert, die sowohl seine gegenwärtigen Betreuer informiert als auch ihm als zukünftigem Elternteil hilft.

Ist das Kind fremduntergebracht und der Täter noch in der Familie, mag das Kind sich darüber aufregen, dass es für sein Reden bestraft wurde. Sie sollten ehrlich gegenüber der Unfairnis der Situation sein: Es ist unfair, dass Kinder ihrer Familie beraubt werden, weil ein Erwachsener nicht zugeben kann, dass er ein ernstes Problem hat. Sie sollten imstande sein herauszufinden, mit wem das Kind Kontakt haben möchte und was sichere Bedingungen sein könnten, unter denen Kontakt stattfinden kann.

Viele Aufgaben und Vorschläge dieses Buches können in der Arbeit mit sexuell missbrauchten Kindern benutzt werden. Sie müssen auf die Verwirrungen vorbereitet sein, die Kinder zeigen, wenn niemand zuvor mit ihnen über die Bedeutung ihres Missbrauchs gesprochen hat.

Sexuell missbrauchte Kinder können sowohl positive als auch negative Gefühle gegenüber dem Täter haben. Welche Gefühle auch immer sie haben, verstärken Sie diese. Wenn sie keine positiven Gefühle haben, ist das in Ordnung. Dasselbe gilt für ein Kind, das keine negativen Gefühle hat. Vermeiden Sie es, Annahmen darüber zu anzustellen, wie das Kind gegenüber dem Täter oder anderen Familienmitgliedern empfinden sollte. Es kann nützlich sein, zu erkennen und aufzuzeichnen, wie es sich momentan fühlt. Das lässt dem Kind Raum zur Veränderung des Gefühls zu einem künftigen Zeitpunkt.

Manche Kinder, die sexuell missbraucht wurden, mögen nicht bereit sein, Biografiearbeit dann zu machen, wenn Sie es sind. Vielleicht ist das Erinnern des vergangenen Missbrauchs zu traumatisch für sie, sodass es ihnen schlecht geht. Sie könnten während der Sitzungen Rückblenden erleben. Betreuer sollten deswegen nach der Geschwindigkeit des Kindes vorgehen. Wenn das Kind klarmacht, dass es sich zu diesem Zeitpunkt nicht in der Lage fühlt, genauer über den Missbrauch zu reden, sollten Sie es wissen lassen, dass das in Ordnung ist. Sie sollten dem Kind verstehen helfen, warum das Wissen um den sexuellen Missbrauch für die Erwachsenen wichtig ist, die in der Zukunft für es sorgen werden. Es könnte reichen, etwa Folgendes aufzuzeichnen: »›X‹ wurde von ihrem Vater auf eine Art berührt, die sie nicht mochte. Sie kann jetzt nicht darüber sprechen, aber vielleicht wird sie es in der Zukunft tun.«

Sie können dennoch Bemerkungen machen, die Ihre eigene Überzeugung und moralische Position erkennen lassen. Man kann auch darüber spekulieren, was nach Wunsch des Kindes hätte passieren müssen.

Wenn Sie Umschreibungen für den sexuellen Missbrauch benutzen, wählen Sie eine, die das Kind benutzt oder die ihm angenehm ist. Es besteht keine Notwendigkeit für explizite Details dessen, was passierte. Ein Lebensbuch kann helfen, dem Kind den Unterschied zwischen privat und öffentlich beizubringen; weil ein Buch für den öffentlichen Gebrauch ist, muss das verwendete Material den öffentlichen Gebrauch privater Erfahrungen widerspiegeln. Viele Kinder, die zu mir in Therapie kommen, bringen ihre Lebensbücher zu einer der ersten Sitzungen mit, um sich auf diese Weise bei mir vorzustellen.

Unaufgedeckter sexueller Missbrauch

Hat ein Kind sexuellen Missbrauch nicht aufgedeckt, wird dieser aber vermutet, möchten Betreuer dem Kind gegenüber vielleicht andeuten, dass sie oder andere Professionelle besorgt darüber sind, dass es sexuell missbraucht wurde. Bevor man dies macht, muss sich der Betreuer sicher sein, dass das Kind geschützt ist (das heißt, gegenwärtig nicht missbraucht wird), und die institutionellen Verfahrensweisen kennen, falls das Kind aufdeckt.[7] Deckt das

7 Anmerkung der Übersetzerin: Gemeinsam mit den betreuenden Personen und dem zuständigen Sozialarbeiter des Kindes trifft man sich zu einer Helferkonferenz und plant die Vorgehensweise. Der Missbraucher darf erst mit dem Vorwurf des Missbrauchs konfrontiert werden, wenn der Schutz des Kindes sichergestellt ist. Die Einbeziehung des Jugendamtes zieht nicht automatisch eine Strafverfolgung nach sich; es besteht keine Meldepflicht für das Jugendamt.

Kind einen Missbrauch in seiner Herkunftsfamilie auf und wohnt momentan woanders, hat aber noch Kontakt mit seiner Herkunftsfamilie, wird man sich überlegen müssen, wie man künftige Kontakte handhabt. Es kann richtig sein zu erwägen, den Kontakt abzubrechen, bis eine genauere Einschätzung vorliegt.

Wird der Missbrauch in der momentanen Unterbringung aufgedeckt, muss das Kind informiert werden, dass es vielleicht umziehen muss.

Manchmal deckt ein Kind nur teilweise auf. Es kann über den sexuellen Missbrauch reden, den Täter aber nicht benennen. Man kann trotzdem mit der Biografiearbeit fortfahren (unter Berücksichtigung der oben erwähnten Punkte) und darüber spekulieren, warum es für das Kind schwierig ist, den Täter zu identifizieren.

Schluss

Hier nur eine kurze Zusammenfassung von Punkten, die bei der Biografiearbeit mit sexuell missbrauchten Kindern zu beachten sind. Kinder decken neuen Missbrauch auf, wenn sie Biografiearbeit machen. Vielleicht deswegen, weil sie dem Kind Raum gibt, seine vergangenen Erfahrungen zu reflektieren oder weil das Konzentrieren auf die Aufgabe es dem Kind möglich macht, auf eine Weise darüber zu sprechen, die Therapie oder Beratung nicht bieten.

Wenn klar wird, dass mehr Arbeit erforderlich ist oder dass die Biografiearbeit traumatische Erinnerungen auslöst, die die normale Entwicklung des Kindes behindern, sollte vielleicht das Hinzuziehen einer Therapie in Betracht gezogen und die Biografiearbeit ausgesetzt werden, bis das Kind mehr emotionale Stabilität in der Gegenwart besitzt. Das ist besser, als es durch die Vergangenheit und jegliche Erwähnung davon zu traumatisieren. Betreuende Personen müssen mit der Politik und den Verfahrensweisen der Behörden vertraut sein und begreifen, wo Biografiearbeit hineinpasst, besonders wenn sie mit neu aufgedeckten Informationen umgehen, die weitere Schutzmaßnahmen des Kindes erfordern.

13. Biografiearbeit in anderen Zusammenhängen

Es gibt viele verschiedene Lebenslagen, in denen Biografiearbeit benutzt werden kann, um Kommunikation zu erleichtern und Kindern und Erwachsenen durch schmerzhafte Abschnitte ihres Lebens hindurchzuhelfen. Maureen Hitcham, Jean Lovie und Gerrilyn Smith beschreiben drei verschiedene Zusammenhänge, in denen sich Biografiearbeit als effektiv erwiesen hat.

Biografiearbeit mit Kindern, die an einer lebensbedrohenden Krankheit leiden

(Maureen Hitcham)

Die Diagnose von Krebs in der Kindheit ist eine unerwünschte, unerwartete und verheerende Nachricht. Obwohl die Aussichten für die meisten der in jüngster Zeit diagnostizierten Kinder optimistisch sind, gibt es keine Garantien für eine Heilung. Es ist eine traurige Realität, dass viele irgendeine Art emotionaler Störung und/oder physischer Behinderung erleiden werden. Manche werden tapfer mit der Krankheit und ihrer Behandlung kämpfen, aber sterben.

Lebensbücher und Videotagebücher können diesen Kindern und ihren Familien helfen, mit den auftauchenden intensiven Gefühlen und Emotionen umzugehen, wenn man mit der Belastung und Unsicherheit eines lebensbedrohlichen Zustandes lebt.

Stefans Geschichte

Ich lernte Stefan an meinem ersten Tag als Krankenhaussozialarbeiterin kennen. Er war ein aufgeweckter, schelmischer Vierjähriger mit einer lebhaften Persönlichkeit und gesundem Humor; und er hatte Krebs. Meine Pläne für ihn enthielten auch ein Lebensbuch. Einen Monat nach unserem Kennenlernen fuhr ich Stefan zu seinen Eltern mit der Nachricht, dass er nur noch Tage zu leben habe. Ich hatte seine Frustration und seinen Zorn gespürt und erlebt, der sich vor allem gegen den intravenösen Tropf richtete, der die Chemotherapie enthielt, die ihn sich so krank fühlen ließ. Wir schafften nur zwei kleine Teile der Arbeit – der erste war die Verwendung von Zeichnungen, um Stefans Zorn auszudrücken und damit umzugehen. Er überkritzelte manche Bilder sehr heftig und sagte, wie sehr er den Tropf hasse.

Der zweite Teil der Arbeit war meine spontane Reaktion auf die Nachricht, dass er nur noch Tage zu leben hatte. Es war Mitte Dezember, und er ging nach Hause, um die Ankunft des Christkindes früher zu feiern. Wir verbrachten die letzte Stunde, bevor wir das Krankenhaus verließen, damit, eine Weihnachtskarte für seine Eltern zu machen. Obwohl er sehr schwach und außer Atem war, arbeitete Stefan begeistert und war sehr aufgeregt. Es gab beim Abschluss bei uns beiden ein echtes Gefühl von Vollendung. Ich weiß jetzt, dass dies auch meine Weise war, mich bei seinen Eltern für all die Dinge zu entschuldigen, die ich nicht machen konnte. Stefan starb am 18. Dezember zu Hause.

Traurigerweise gibt es nicht immer den Luxus der Zeitplanung, wenn man mit schwer kranken Kindern arbeitet. Das bedeutet nicht, dass wir gute Praktiken ausklammern sollen, aber vielleicht sollten wir von Anfang an einräumen, dass viele der gemeinsamen Ziele trotz der Bereitschaft und der Entschlossenheit seitens des Kindes und des Betreuers nicht erreicht werden können. Vielleicht bleiben Betreuer anschließend mit einer Anzahl von unbearbeiteten Gefühlen zurück. In Anbetracht der Komplexität und Vielfältigkeit der sozialarbeiterischen Aufgaben beim Arbeiten mit diesen Kindern ist regelmäßige Supervision wichtig.

Dies ist ein emotionaler Bereich der Arbeit, und es ist normal und richtig, emotional zu reagieren. Die Techniken, die ich hier beschreibe, rufen alle starke emotionale Reaktionen hervor, sodass Selbstkenntnis und ein Begreifen der Auswirkungen auf das Kind wichtig sind, bevor man sich auf diese Arbeit einlässt. Man muss sich auch der eigenen Gefühle bewusst sein, den Tod nicht nur als eine abstrakte Vorstellung anzusehen, sondern, weitaus wichtiger, vielleicht als eine persönliche Realität. Diese Methoden können alle verändert werden, um zu einem selbst und dem Kind, mit dem man arbeitet, zu passen.

Studien haben erwiesen, dass Kinder, die Krebs haben, ängstlicher sind als andere Kinder. Viele von ihnen behalten aus einer Vielzahl von Gründen ihre Gedanken und Gefühle für sich. Es ist wichtig, dass sie verstehen, was passiert und warum, sodass sie Realität von Fantasie unterscheiden können.

Gunthers Geschichte

Gunther ist sieben Jahre alt und leidet an aplastischer Anämie. Obwohl es keine bösartige Krankheit ist, sind Behandlung und Folgen sehr ähnlich wie bei Krebs. Als Teil seiner Behandlung musste sich Gunther einer Knochenmarkstransplantation unterziehen. Patienten, die sich einer Transplantation unterziehen, sind dem Risiko einer Infektion ausgesetzt und werden deswegen in einer sterilen Umgebung gepflegt. Das ganze Personal und alle Besucher müssen Kittel und Mundschutz tragen und unterliegen strengen hygienischen Vorschriften.

Die Periode der Isolation, Beschränkungen der normalen Aktivitäten, Einschränkungen durch Diät und der freien Bewegung forderten unweigerlich ihren Tribut von Gunther. Es war nicht erstaunlich, dass er unfreundlich, aggressiv und sehr fordernd sein konnte. Keiner war sich sicher, wie Gunther sich fühlte oder wie sein Verständnis von Krankheit und Behandlung war.

Gunther teilte Gedanken und Gefühle nicht leicht mit und war nicht genügend bereit oder interessiert, traditionelle Biografiearbeit zu machen. In seinem Fall aber schien das Produzieren eines Videotagebuches ihn mit der unbedrohlichen und angenehmen Möglichkeit zu versehen, die Fakten über seine Krankheit zu sortieren und zu kennen. Er fühlte sich dadurch weniger unkontrollierbaren Ereignissen ausgeliefert.

Er war tatsächlich das erste Kind, mit dem ich eine Videokamera benutzte, und seine Reaktion war bemerkenswert. Auf Film teilte er frei seine Gedanken, Gefühle und das Verständnis von seinem Zustand und seiner Behandlung mit. Er beschrieb, dass es ein Krieg war, der sich in seinem Körper abspielte, der SS-Krieg genannt wurde: SS bedeutete Saddam und Schmidt (sein Nachname). Saddam verkörperte die bösen Zellen, Schmidt die guten Zellen. Humorvoll und einfallsreich beschrieb er, wie die Chemotherapie Saddam bombadierte, um Platz für das Wachstum der guten Zellen zu schaffen. Gefragt, was er dachte, wer den Krieg gewinnen würde, entgegnete er »Nun, zuerst dachte ich, es würde Saddam sein, aber jetzt denke ich, es wird Schmidt sein!« Gunther zeigte seiner Familie und dem Personal stolz dieses kurze Video und fuhr später fort, weitere Filmmeter aufzunehmen. Sie erörterten die tiefe Wirkung, die die Krankheit auf seine neunjährige Schwester Rachel hatte.

In letzter Zeit bekam Gunther mehrmals Behandlungen wegen eines als Graft-versus-Host-Reaktion[8] bekannten Zustandes. Dies bescherte ihm wiederholt unangenehme physische Erfahrungen, meistens in Form von starken Unterleibsschmerzen. Gunther wurde depressiv, reizbar und zog sich von Alltagsaktivitäten zurück. Tests zeigten, dass sich seine Abstoßungsreaktionen verringert hatten und dass seine Beschwerden von einer Laktoseunverträglichkeit kamen. Es gab hauptsächlich zwei Wege, Gunthers Qualen zu lindern. Zum einen seine Schmerzkontrolle zu steigern, zum anderen seinen emotionalen Stress zu reduzieren, indem man ihm angemessene Erklärungen seiner Erfahrungen gab, sodass er verstehen konnte, was passierte, und anfing, die Zukunft ohne Hoffnungslosigkeit zu erwarten.

Die Veränderung seiner Persönlichkeit während dieser Arbeit war sehr bemerkenswert. Apathie und Reizbarkeit wurden schnell von Energie, Begeisterung und Erregung ersetzt.

Die Arbeit mit Geschwistern

Wenn Kinder ihren ersten Befund erhalten, sind sie mit vielen neuen Erfahrungen konfrontiert. Möglicherweise ist es ihr erster Krankenhausaufenthalt, bei dem sie schmerzvollen Tests unterworfen sind und Vertrauen in das wechselnde Krankenhauspersonal entwickeln müssen. Sie sehen und spüren die Besorgnis ihrer Familien, und plötzlich ist ihr Leben außerhalb ihrer Kontrolle, und sie sind verstört. Es ist deswegen nicht überraschend, dass wir als Freunde, Verwandte, Nachbarn und Eltern all unser Interesse und unsere Aufmerksamkeit auf das kranke Kind richten. Aber was ist mit den Geschwistern?

8 Anmerkung der Übersetzerin: Es handelt sich um eine Abstoßungsreaktion des Transplantats gegenüber dem immungeschwächten Empfänger.

Die gesunden Geschwister von Kindern mit einer chronisch lebensbedrohenden Krankheit begegnen vielen Schmerzquellen. Da ist der anfängliche Aufruhr durch die Diagnose, die Trennung von Geschwistern während der Behandlung und das absolute Chaos durch das plötzliche Sie-Verlassen, wodurch sie ihres normalen Familienlebens beraubt werden. Ihren Eltern fehlt es oft an der Energie, die emotionalen Bedürfnisse von jemand anderem als dem kranken Kind zu erkennen oder darauf zu reagieren. Das kann erdrückende Gefühle von Ärger, Eifersucht, Traurigkeit und Angst hervorrufen. Eine Intervention mit allen Familienmitgliedern ist lebenswichtig, wenn man solche potenziell gefährlichen Gefühle bekämpfen und eine sichere, nicht bedrohliche Umgebung schaffen will, in welcher sie anfangen können, ihre Gedanken und Gefühle mitzuteilen und zu erkunden. In der Schule muss man Brüder und Schwestern mit Gleichaltrigen mischen, deren Leben eine völlig verschiedene Tagesordnung hat.

Bücher über die Lebensgeschichte haben sich als sehr erfolgreiche Hilfe für diese Kinder erwiesen, damit sie ihre Welten begreifen und verstehen, wo sie hingehören bezüglich Familie, Krankheit, Krankenhaus und medizinischem Personal. Kunst und Imagination stellen oft eine anfängliche Form der Kommunikation für solche Kinder dar, die nicht über ihre Gefühle reden wollen oder können. Diese Gefühle sind in einem Lebensbuch aufgezeichnet, nicht verbal ausgedrückt, aber doch sicher aufbewahrt, um immer wieder verwendet werden zu können, wenn die Kinder einmal bereit dazu sind – verbale Kommunikation folgt oft sehr schnell und in überraschender Flüssigkeit, wie einige dieser Beispiele zeigen.

Biografiearbeit mit Familien, die von Aids betroffen sind

(Jean Lovie)

Der Tod eines Elternteils oder nahen Familienmitgliedes stellt für das Kind eine besondere Herausforderung dar. Nach einer HIV-Infektion tritt der Tod wahrscheinlich nach Monaten, möglicherweise Jahren oft unterbrochener, aber fortschreitender schwerer Krankheit ein, die Familienleben zerstört. Vielleicht ist mehr als ein Familienmitglied krank oder stirbt, oft als Geheimnis verborgen, wodurch die Einsamkeit des Kindes verstärkt wird.

Patienten, die an einer HIV-Infektion erkrankt sind, sind häufig zutiefst erschöpft. Es sind wahrscheinlich jüngere Eltern, die versuchen, mit ihrem eigenen Ärger und ihrer Trauer umzugehen. Vielleicht beabsichtigen sie, ein Kind auf eine Veränderung vorbereiten zu helfen. Aber manchmal können diese Pläne zu schmerzhaft oder schwer sein, um verwirklicht zu werden.

Es müssen Wege gefunden werden, Kindern zu helfen, die:

- flexibel,
- angenehm,
- relativ einfach durchzuführen,
- wertvoll für alle Alterstufen, auch für Kinder, die nicht oder nur ein wenig lesen können,
- anpassbar an schnellwechselnde Ereignisse sind.

Für einige Familien hat sich Biografiearbeit mit Familienfotografien als eine nützliche Methode erwiesen.

Katjas und Benjamins Geschichte

Katja war vier, ihr Bruder Benjamin zwei. Ihr Vater wurde als HIV-infiziert diagnostiziert, bevor sie geboren wurden. Aber ihre Mutter, Katja und Benjamin waren nicht infiziert. Der Leiter von Katjas Spielgruppe, der Gesundheitsfürsorger und die Tagesmutter wussten, dass ihr Vater HIV-positiv war. Denn die Eltern hatten entschieden, dass diese den Druck, der auf der Familie lag, besser verstehen würden, wenn sie im Bilde wären. Die Familie hatte auch regelmäßigen Kontakt mit einem Sozialarbeiter des Krankenhauses.

Vier Wochen vor dem Tod ihres Vaters fing Katja an, nachts schreiend aufzuwachen. Sie wusste, dass ihr Vater sehr krank war – die Zeit war gekommen, die Fragen zu beantworten, die sie gestellt hatte. Sie war nicht fähig zu sagen, warum sie Angst hatte oder was genau falsch war. Sie wollte ihren Vater im Krankenhaus besuchen und ihm weiterhin die Bilder bringen, die sie in ihrer Spielgruppe gemalt hatte, verlangte aber weniger häufig danach, ihn zu besuchen. Sie erklärte, dass die Krankenschwestern sich jetzt um ihn kümmern würden. Sie schien sich deutlich dessen bewusst zu sein, was passierte, war aber unsicher, wie sie ihre Gedanken und Gefühle ausdrücken sollte. Es musste eine Möglichkeit gefunden werden, um ihr zu helfen, das zu tun.

Eine bekannte und vertraute Tante zog ein. Katjas Mutter konnte mehr Zeit im Krankenhaus verbringen, und Katja bekam mehr Zeit und Raum für sich selbst. In Katjas Geschwindigkeit wurden täglich Familienfotos gesammelt und chronologisch in einem Buch angeordnet. Das Leben ihrer Eltern wurde aufgezeichnet, indem ein Ereignis aufgeschrieben wurde, das Jahr, in dem es passierte und, falls passend, das Alter von Katja zu dieser Zeit. Katjas eigene Fotografien wurden hinzugefügt und die von Benjamin, ihren Großeltern und nahen Tanten und Onkel. Der Ausgangspunkt war die Geburt ihrer Eltern, dann deren Schulzeit, Hobbys, Kennenlernen, Heirat, die Krankheit ihres Vaters, ihre eigene und Benjamins Geburt. In diesen Punkten wurden lustige Erlebnisse hinzugefügt, die sie als Familie miteinander erlebten.

Als die Stärke des Familiensystems um sie herum deutlich wurde, entschied sich Katja zu sagen, dass sie wüsste, dass ihr Vater sterben würde. Mit dem Voranschreiten der Arbeit gingen ihre Albträume zurück. Es wurde Mühe aufgewendet, ihre Fragen ehrlich zu beantworten. Dabei kam auch der Einfluss verschiedener Familienmitglieder auf ihr Leben zur Sprache. In den Grundzügen wurde das Buch zur Zeit des Todes ihres Vaters fertig gestellt. Andere enge Familienmitglieder brachten zur Beerdigung Fotografien für das Buch mit.

Katjas Mutter hatte danach wieder geheiratet. Ihr Stiefvater erfuhr aus dem Buch über ihren Vater, und auch seine Fotografie wurde hinzugefügt. Wichtige Familienereignisse nach dem Tod ihres Vaters wurden mitaufgenommen. Katja liest das Buch noch, wenn sie durcheinander oder bekümmert ist und lässt es für ihre Mutter als Signal, dass sie Hilfe möchte, draußen liegen. Als sie sich an ihr neues Leben gewöhnt hatte, wurde es weniger benutzt.

Das erfolgreiche Resultat dieses Falles basierte auf:

- dem Vorhandensein eines engen und vertrauten Familienmitgliedes, das jeden in der Familie kannte und seine eigenen und Katjas Gefühle über das, was passierte, herausfinden konnte;
- dem Vorhandensein einer außen stehenden unterstützenden Person – in diesem Fall ein Sozialarbeiter – mit der die Auswertung der laufenden Arbeit besprochen werden konnte;

- dem Vorhandensein von Fotografien einer Lebensperiode;
- einem Verstehen der Umstände der Familie. Die Biografiearbeit war ein Teil der Hilfe, die der Familie auf verschiedenen Wegen angeboten wurde. Entsprechend war das Timing der Biografiearbeit in Bezug zu den Ereignissen im Krankenhaus.

Katja benutzte die Fotografien, um ihr Bewusstsein über das wechselnde Äußere ihres Vaters in den Monaten vor seinem Tod auszudrücken. Sie war dann fähig zu sagen, sie realisiere, dass er nicht mehr nach Hause kommen würde. Durch die Fotografien wurden die Größe und die Stärke des Familienverbundes ausgedrückt.

Diese Herangehensweise wurde unter ähnlichen Umständen mit einem anderen Kind gleichen Alters benutzt. In beiden Fällen waren die Kinder bereit, für eine bestimmte Zeit mitzuarbeiten und besaßen vor Beginn der Arbeit beträchtliches Selbstbewusstsein. Während Biografiearbeit vielleicht nicht für alle Familien in dieser Lage geeignet ist, hat sie sich doch für manche als wertvoll erwiesen.

Biografiearbeit mit Erwachsenen

(Gerrilyn Smith)

Auch Erwachsene können davon profitieren, eine Aufzeichnung ihrer eigenen Kindheit zu machen oder von der ihrer Kinder. Das ist besonders für die Erwachsenen wichtig, die selbst »fremduntergebracht« aufgewachsen sind. Das Zurückgehen an die Orte ihrer Kindheit kann sehr therapeutisch sein und ihnen helfen, ihr gegenwärtiges Leben ins Lot zu bringen.

Da Biografiearbeit relativ neu ist, wird es viele »fremduntergebracht« aufgewachsene Erwachsene geben, die niemanden hatten, der sich Zeit nahm, mit ihnen ihr Leben und die Stationen ihrer Unterbringung aufzuzeichnen. Eine Möglichkeit zu versuchen, ihre Vergangenheit zusammenzusetzen, ist Zugang zu den Akten der Sozialbehörden zu gewinnen.

Es folgt das Beispiel einer Biografiearbeit mit einer Erwachsenen, die selbst »fremduntergebracht« war.

Vanessas Geschichte

Vanessa war 24, als sie an mich verwiesen wurde. Sie war Mutter dreier Kinder, die jünger als fünf Jahre waren, und hatte kürzlich eine Fehlgeburt gehabt. Sie wurde mit den Kindern nicht fertig, welche ihrer Pflege entzogen wurden, während sie versuchte, ihre eigenen Probleme zu lösen. Unter all den Dingen, die wir zu bearbeiten vereinbarten, äußerte Vanessa Interesse, ein Lebensbuch für sich selbst zu machen. Das wurde gerade mit ihren Kindern gemacht, und ich hatte das Gefühl, es könnte ihr verstehen helfen, was bei ihnen passierte.

Wir fingen mit einem Stammbaum an, der bis zu Vanessas Großeltern zurückging. Vanessa kannte ihre Großeltern väterlicherseits, besaß jedoch keine Informationen über ihre Großeltern mütterlicherseits. Vanessa hatte Eltern verschiedener Hautfarbe – ihre Mutter war Spanierin und ihr Vater von einer Insel in der Karibik. Sie begann ihr Lebensbuch mit folgender Einleitung:

Dieses Tagebuch soll mir und anderen helfen zu verstehen, welche Schwierigkeiten man im Leben hat, wenn man alleinerziehend ist und Kinder ohne fremde Hilfe großziehen muss. Es beschreibt auch das Leben, das ich hatte und warum ich jetzt so bin, wie ich bin.

Sie fing an, ihre ersten Erinnerungen aufzuschreiben, und begann mit Erinnerungen an ihr Leben in einem Konvent und den gelegentlichen Besuchen von ihrer Mutter. Das erste Kapitel endet an ihrem fünften Geburtstag, als sie wieder bei ihrer Mutter leben soll. Das zweite Kapitel fängt mit Vanessas Großmutter väterlicherseits an, die sie mitnahm, damit sie bei ihr lebte. Während sie bei ihrer Oma lebte, hatte Vanessa mehr Kontakt zu ihrem Vater.

Vanessa fuhr fort, weitere achtundzwanzig Kapitel ihres Lebens zu schreiben. Wir gingen sie gemeinsam durch, redeten über ihre Erinnerungen, klärten einiges Durcheinander und dachten darüber nach, wie ihre eigene Kindheit ihre Fähigkeit als Mutter beeinflusste.

Wir konnten Muster in ihrem Leben erkennen, die sich bei ihren Kindern wiederholten. Vanessas eigene Mutter wollte uns nicht bei Vanessas Lebensbuch helfen. Wir schrieben ihr und fuhren hin, um sie zu besuchen, aber sie weigerte sich, sich zu beteiligen. Der Partner ihrer Mutter wollte Vanessa nicht mit ihr sprechen lassen. Beim

Betrachten ihrer eigenen Kindheit konnte Vanessa sehen, dass die Partner ihrer Eltern (sie waren nicht mehr zusammen) häufig Vanessa und ihre Geschwister davon abhielten, ihren leiblichen Eltern näher zu kommen. Vanessa hatte ihre dritte Beziehung, merkte aber, dass ihr derzeitiger Partner, anders als die Partner ihrer Eltern, Vanessas Kinder als seine eigenen ansehen konnte.

Wir stellten eine Liste der Orte zusammen, die sie für ihr Lebensbuch besuchen wollte. Wir trugen wichtige Andenken zusammen, die sie behalten wollte. Dies umfasste die Gesundheitsuntersuchungsbücher ihrer Kinder, wichtige Weihnachts- und Geburtstagskarten, Fotografien der Kinder von den Kinderheimen, in denen sie derzeit untergebracht waren und Fotografien unserer Besuchstouren.

Wir begannen mit einem Besuch des Hauses ihrer Großmutter väterlicherseits. Wir gingen zu verschiedenen Einrichtungen, in denen Vanessa gelebt hatte. Viele wurden immer noch als Heime genutzt, aber nicht mehr unbedingt für Jugendliche. In einem Fall war das Gebäude abgerissen worden und nur ein Schutthaufen übrig geblieben. Wir besuchten Vanessas alte Hauptschule und gingen, mit Erlaubnis, herum.

Es war auch wichtig anzufangen, für ihre Kinder Andenken zu sammeln. Wir gingen zu den Krankenhäusern, in denen ihre Kinder geboren wurden, zu Häusern und Wohnungen, in denen sie früher lebte, die Krippe, in der ihre Kinder betreut wurden. Vanessa fing an, Sammelalben für ihre Kinder zu machen. Sie begann Vorbereitungen zu treffen, damit sie nicht in Pflegefamilien wechseln, sondern zu ihr zurückkehren und neu anfangen würden.

Während der Zeit, in der die Kinder von ihr getrennt lebten, fuhr sie damit fort, in ihre Pflege einbezogen zu sein. Sie besuchte sie regelmäßig und zuverlässig. Sie arbeitete hart, um in Beziehung zu ihren Kindern zu bleiben, in einer Weise, wie ihre Eltern mit ihr nicht verbunden blieben. Sie machte sich Gedanken über ihren Freundeskreis, in dem viele jünger waren und nicht die Verantwortung für Kinder hatten, und die sie nicht um die Aufrechterhaltung des Kontaktes ermutigten. Sie fing an, andere junge Mütter zu treffen. Sie begann zu erkennen, was sich ändern musste, bevor sie die Pflege ihrer Kinder wieder übernehmen konnte. Obwohl das Lebensbuch nicht der einzige Teil der mit ihr getanen Arbeit war, so stellte es doch einen nützlichen Mittelpunkt dar. Es half ihr, wenig hilfreiche Muster in ihrer eigenen Kindheit zu erkennen – und sie war entschlossen, diese Muster nicht zu wiederholen.

Zum Teil wurde Vanessa dadurch geholfen, dass jemand ein Interesse an ihrer Kindheit zeigte. Für viele Eltern, die Probleme mit dem Elternsein haben, ist es sehr schwierig, ihren Kindern zu erlauben, aus Erfahrungen zu profitieren, die sie selbst nicht machen konnten oder die ihnen vorenthalten wurden. Beim Herstellen von Vanessas Lebensbuch konnte ich betonen, wie gut sie es bis jetzt gemacht hatte und dass sie Veränderungen in den Familienmustern begonnen hatte. Obwohl Vanessa immer noch sehr wütend auf ihre Mutter war, hatte sie mehr Verständnis für die Schwierigkeiten, die diese erlebt haben musste. Vanessa fühlte sich auch in der Lage, wieder mit ihrem Vater in Verbindung zu treten und ihn nach mehr Informationen über ihre Familie zu fragen.

Im Gegensatz zu anderen Arten der individuellen Arbeit mit Erwachsenen, die oft in der Beratungsstelle stattfinden, sprachen Vanessa und ich im Auto auf unseren Reisen, in Cafes, und an den Orten, die für sie wichtig waren. Die greifbaren Anzeichen ihrer Vergangenheit halfen auch, dass sie sich an mehr erinnerte und genauere Einzelheiten ihrer Kindheit erzählen konnte, an die sie eine lange Zeit nicht gedacht hatte. Dabei konnten wir besser verstehen, warum Vanessa so war, wie sie war, und begannen den Prozess, sie sich vorstellen zu lassen, wie sie gerne sein würde, als Frau, als Partnerin und als Mutter.

14. Biografiearbeit mit Kindern ausländischer Herkunft

(Irmela Wiemann)

Mai wurde mit drei Jahren in Vietnam zu deutschen Adoptiveltern vermittelt. Ihre Adoptiveltern wollen ihr ermöglichen, sich weiter in ihrer Landessprache zu unterhalten und besuchten von Anfang an häufig ein vietnamesisches Restaurant, das einer befreundeten vietnamesischen Familie gehört. Doch Mai spricht dort nie ein Wort vietnamesisch. Mit sechs erzählt sie einmal lächelnd, dass sie zwar jedes Wort versteht, es ihr aber unmöglich ist, ihre von früher vertraute Sprache wieder zu sprechen: »Ich gehöre doch jetzt zu Euch.« Nun erklären ihr die Adoptiveltern: »Obwohl du jetzt ganz und gar zu uns gehörst und wir dich lieben, bleibst du immer das Mädchen, das die ersten Jahre in Vietnam aufgewachsen ist. Du bist ein deutsch-vietnamesisches Kind und beide Länder gehören für immer zu dir.« Beim nächsten Kontakt mit der vietnamesischen Familie spricht Mai zunächst leise und vorsichtig und dann immer lebhafter in ihrer Herkunftssprache. Sie wirkt danach besonders gelöst und zufrieden.

Der Kontakt mit Menschen aus dem Herkunftsland des Kindes wühlt auf, erinnert das Kind an den radikalen Bruch im Leben, schmerzt und heilt zugleich. Mais selbst auferlegtes Verbot, die Sprache nicht zu sprechen, war der Versuch, ihren Schmerz unter Verschluss und ein Stück Ordnung in ihr Leben zu bringen: Darf sie als Kind der deutscher Adoptiveltern noch ihre alte Sprache sprechen? Erinnert die alte Sprache nicht an das Trennende zwischen ihr und ihren geliebten Eltern und gefährdet so ihre Sicherheit? Dabei zeigen die Adoptiveltern durch die Kontakte zur vietnamesischen Familie ihre Akzeptanz von Mais Herkunft und ihrer Vergangenheit. Die Adoptiveltern leisten hier ein Stück wertvolle Biografiearbeit und fördern Mais seelisch-soziale Entwicklung. Denn je weniger ein Kind von seiner Lebensgeschichte abspalten und verdrängen muss, um so lebendiger kann es durch sein Leben gehen.

Kinder, die für ihre Adoption aus anderen Ländern nach Westeuropa geholt werden, sind nicht nur von ihrer Familie getrennt worden, sie haben auch ihr Land, die vertraute Umgebung, Gleichaltrige, ihre ehemalige Heimat, ihr Revier und ihre Sprache verloren. Auch Kinder, die als Säuglinge und Kleinkinder hierher kommen, sind von dem Wechsel, dem Bruch geprägt. Aus der Säuglingsforschung wissen wir, dass schon Neugeborene ihre Mutter wiedererkennen, sie vermissen, wenn sie nicht verfügbar ist und ihre Muttersprache von Fremdsprachen unterscheiden können[9]. Die meisten ausländischen Adoptivkinder sind bei ihrer Vermittlung dem Säuglingsalter schon entwachsen. Sie haben viele seelische Verletzungen und Abschiede erlitten und müssen nun die ihnen vertraute Sprache vergessen.

Viele Adoptiveltern erteilen dem Kind nicht nur einen neuen Nachnamen sondern auch einen neuen Vornamen, um ihm »die Integration in diesem Land zu erleichtern«. Der Vorname ist jedoch ein wertvoller Bestandteil der Identität[10] und eine der wenigen Möglichkeiten, Kontinuität zwischen dem früheren und dem neuen Leben zu bewahren. Mit dem Verlust des ursprünglichen Namens fühlen sich viele Kinder nicht mehr als »dieselben«, die sie vorher waren.

Ausländische Pflegekinder, die mit ihren Angehörigen hierher kamen, haben keinen ganz so radikalen Abschied erlebt. Viele von ihnen kennen ihre Eltern oder Geschwister. Über diese bleibt ihnen ein Stück Zugang zu ihrem Herkunftsland, ihrer Kultur, ihrer Sprache erhalten.

Kinder mit brauner, schwarzer oder gelber Hautfarbe werden allerdings ständig damit konfrontiert, dass sie »anders« aussehen, als die Mehrzahl in diesem Land. Sie erleben Tag für Tag, dass ihre neuen Eltern den anderen Menschen gleichen, dazugehören, sie hingegen werden von anderen Kindern, Jugendlichen und Erwachsenen oftmals als Außenseiter behandelt, offen diskriminiert, angegriffen, wie auch sonst ausländische Mitbürger.

9 Vergl. Martin Dornes: Der kompetente Säugling. Fischer Taschenbuch, Frankfurt am Main 1993.

10 Der Begriff »Identität« kommt aus dem Lateinischen von idem = derselbe und bedeutet sinngemäß: Gleichsein, Wiedererkennen.

Eine junge indische Adoptierte erzählt: »Heute im Supermarkt war eine Mutter mit einem kleinen Kind hinter mir. Das Kind fragte: ›,Warum ist das Mädchen so braun?‹ Die Mutter antwortete: ›Die kommt aus Afrika‹. Ich habe mich geschämt. Allein die Blicke. Ich möchte nicht so angeschaut werden, einfach dazugehören, so sein wie die anderen.«

Manche anders aussehenden Kinder fragen sich, ob sie für ihre Adoptiveltern nicht nur eine Notlösung darstellen, ob diese nicht lieber ein Kind bevorzugt hätten, dem nicht gleich jeder ansieht, dass es nicht von hier ist. Viele der ausländischen Pflege- und Adoptivkinder haben somit nicht nur den Schmerz zu tragen, dass sie ihre Familie verloren und ihr Land verlassen mussten, sondern auch, dass sie hier nicht als dazugehörig akzeptiert werden. Die Identitätsfrage – wer bin ich, wem gleiche ich, warum bin ich nicht wie die anderen? – stellt sich für diese Kinder noch stärker als für inländische Pflege- und Adoptivkinder.

Rekonstruktion der individuellen Vergangenheit

Die Rekonstruktion der individuellen Vergangenheit kann für Kinder aus anderen Ländern ähnlich gestaltet werden, wie für alle fremdplatzierten Kinder:

- In jedem Fall soll im Lebensbuch der ursprüngliche Vor- und Nachname des Kindes aufgeschrieben und gewürdigt werden. Von wem hat das Kind seinen Namen bekommen?
- Geburtsdaten und Namen von Eltern und Geschwistern, welche Angehörigen sind bekannt, an welchen Orten leben sie, wie leben sie? Sammeln und Bewahren von Daten, Orten, Menschen und Aufenthaltsorten des Kindes, Dokumente aus dem Kinderheim, Fotos von Spielgefährten, früheren Bezugspersonen.
- Wenn bekannt, spezifische Ereignisse und Geschehnisse in der Herkunftsfamilie, Gründe der Fortgabe des Kindes. Wer hat das Kind in das Kinderheim bzw. zu Pflegeeltern gebracht?
- Dokumentation der Abschiede und Übergänge: Fotos, Videos und Berichte, wie das Kind von seiner bisherigen Welt Abschied nahm und nach Deutschland kam.
- Geschichte und aktuelle Situation der Pflege- oder Adoptivfamilie. Kopien der Hilfepläne oder Adoptionsdokumente, Chro-

nik wichtiger Tage, Gesundheit und Krankheit, Freunde und Schule, Hobbies, schöne Urlaube etc.

Informationen über das Herkunftsland

Informationen über das Herkunftsland sind wichtig, um die kulturellen Unterschiede (Religion, Erziehung, Musik, Ernährung, Kleidung, Gewohnheiten etc.) zu verstehen. Man erhält Informationen durch:

- Sammeln von Reiseprospekten, Bildbänden, Videos, Landkarten, Stadtplänen, Artikeln und Bildserien aus Illustrierten und Reiseteilen in Zeitungen.
- Anschauen von Berichten im Fernsehen.
- Mit dem Kind über die aktuelle politische, wirtschaftliche und soziale Situation im Herkunftsland sprechen.
- Erlernen der Sprache des Kindes.
- Anhören von Musik (z.B. CD) oder Radiosendungen aus dem Herkunftsland über Kurzwelle.
- Besuche von Ausstellungen über das Herkunftsland.
- Anschaffen von Kinderbüchern und Literatur aus dem Herkunftsland.
- Beschaffen von Souvenirs, typischen Produkten, Kleidungsstücken etc. aus dem Herkunftsland.
- Betrachten eines Globus – mit Fähnchen können Herkunftsland und Aufenthaltsland gekennzeichnet werden.
- Reisen in das Herkunftsland, wenn politisch möglich.

Viele annehmende Eltern ausländischer Kinder engagieren sich in Projekten in den Heimatländern ihrer Kinder oder bleiben durch Engagement in Gesellschaften und Verbänden in enger Verbindung zum Herkunftsland des Kindes. Wenn möglich, sollte die Adoptiv- oder Pflegefamilie zu anderen Einwanderern aus dem Herkunftsland Kontakt aufnehmen.

Kinder ausländischer Herkunft genießen es, wenn sie bei Freizeiten und Zusammentreffen von Selbsthilfegruppen und Interessenverbänden viele andere Kinder erleben, die dasselbe Schicksal haben. Von solchen Zusammentreffen können Foto- und Videodokumentationen zusammengestellt werden.

Informationen über das Aufnahmeland

Hierzu gehören die politische, wirtschaftliche und kulturelle Situation, Unterschiede zum Herkunftsland des Kindes, Vergleiche, wie Kinder im Herkunftsland leben oder arbeiten und wie sie hier aufwachsen. Gemeinsamkeiten mit dem Herkunftsland, historische Verbindungen der beiden Länder.

Hilfen bei der Erfahrung mit Diskriminierung und Fremdenfeindlichkeit

Viele dunkelhäutigen und anders aussehenden Kinder wünschen sich sehnlichst, so auszusehen wie die Kinder in diesem Land, wünschen sich hell und unauffällig zu sein. Viele annehmenden Eltern wollen ihr Kind stärken und trösten, indem sie versichern: »Wir finden dich wunderschön, so wie du bist!« Doch dies genügt nicht. Das Kind erlebt, dass die Adoptiv- oder Pflegeeltern nicht in besonderer Weise angeschaut werden. Ihnen wird nicht gesagt: »Verschwinde dorthin, wo du herkommst.« Manche Kinder überspielen die negativen Erfahrungen, blenden aus, verleugnen. Doch dieses Verdrängen kostet seelische Energie, die an anderer Stelle nicht zur Verfügung steht. Deshalb ist es so wichtig, dass jene, die mit dem Kind an seiner Biografie arbeiten, das »Sich-ungleich-Fühlen«, das »Nicht-dazu-Gehören«, das »Komisch-angeschaut-Werden« und das »Durch-andere-abgewiesen-Werden« in seiner ganzen Tragweite erfassen.

- Eine Hilfe können Fotosammlungen bzw. Poster mit unterschiedlich aussehenden Kindern von der ganzen Welt sein. Sie können beschriftet werden mit: Alle Kinder dieser Welt sehen wunderbar aus und alle sind gleich wertvoll. Wer andere wegen seines Aussehens oder seiner Hautfarbe unterdrückt, ist ganz dumm.
- Mit dem Kindergarten-Kind können wir im Rollenspiel üben, wenn Kinder zu ihm »Neger« oder »Türke« sagen, zu antworten: »Halt die Klappe, du Bleichgesicht!« oder »Du siehst aus wie Kotze!« Oder: »Warum willst du im Sommer braun werden?«
- Für ältere Kinder und Jugendliche können wir Artikel und Zeitungsausschnitte sammeln, sie über die Geschichte von Rassis-

mus und die dazugehörigen Befreiungsbewegungen informieren und sie für Diskussionen mit Gleichaltrigen stärken.

- Es hilft den Kindern und Jugendlichen, Zeitschriftenausschnitte und Bilder von berühmten »anders aussehenden« Menschen des öffentlichen Lebens in einer Mappe zusammenzustellen: Sportlerinnen und Sportler, Musikgruppen, berühmte Filmstars, Models, Fernsehmoderatorinnen und Fernsehmoderatoren, Politikerinnen und Politiker etc. Ältere Kinder und Jugendliche können Lebensberichte und Biografien von Menschen anderer Herkunft oder Hautfarbe lesen.[11]
- Es gibt eine Reihe schöner Kinderbücher zum Thema Auslandsadoption, die den betroffenen Kindern Solidarität vermitteln.[12]
- Die Bezugspersonen, die mit dem Kind an seiner Biografie arbeiten, können hervorheben, dass jeder Mensch zum Ausländer wird, sobald er in ein anderes Land kommt, dass aber in Wirklichkeit alle Menschen Weltbürger sind und gleich wertvoll, egal wie sie aussehen, woher sie kommen und wohin sie gehen.

Wenn die Wurzeln zum Ursprung des Kindes abgeschnitten sind

Viele Adoptierte aus anderen Regionen der Welt haben später keine Chance, ihre Angehörigen zu suchen und zu finden, da es in vielen Herkunftsländern keine Meldesysteme gibt. Viele Kinder wurden ohne Kenntnis von Name und Geburtsdatum in Krankenhäusern zurückgelassen oder in Kinderheimen abgegeben. Ihr Geburtsdatum wurde von den Behörden geschätzt. Die Bezugspersonen der Kinder fühlen sich oftmals hilflos, wie denn Biografiearbeit aussehen kann, wenn es solch große Lücken in der Lebensgeschichte gibt.

Beruhigend wirkt auf die Kinder, wenn wir etwas nicht wissen, Generalisierungen vorzunehmen: »Es gibt in deinem Land viele Mamas und Papas, die nicht mit ihren Kindern zusammenleben können.«

11 Z.B. Waris Dirie: Wüstenblume. Heyne, München.

12 Z.B. Kirsten Boje: Paule ist ein Glücksgriff. Oetinger, Hamburg oder Tineke Hendriks: Das Haus mit dem blauen Dach. Urachhaus, Stuttgart 1996.

Wir können auch diesen Kindern ein Stück Identität vermitteln, wenn wir ihnen z.B. aufschreiben:

»Es ist mit das Schwerste für ein Kind, was es gibt, wenn es nicht weiß, wie Vater und Mutter aussehen oder wie sie heißen, wenn es nicht weiß, weshalb es von diesen Eltern getrennt wurde und ob es noch irgendwo Geschwister gibt. Wir wissen aber aus deinem Land, dass viele Mütter (manchmal auch Väter oder Verwandte) Kinder in Kinderheime bringen müssen, weil sie nicht genügend Geld haben, ein Kind zu ernähren und Medizin zu kaufen. Oder sie haben familiäre Probleme, die es ihnen nicht erlauben, ihr Kind zu behalten. Mit Sicherheit lag es nicht an dir und sie wollten, dass du lebst. Sie wollten, dass du nach Europa adoptiert wirst und dass es dir gut geht. Und da wir nichts Genaues über sie wissen, wollen wir sie uns hier aufmalen. Ich male eine Mutter und einen Vater, die dir ähnlich sehen. Wenn du willst, kannst du auch malen, wie du dir deine Mutter und deinen Vater vorstellst.«

Oder dem Kind kann aufgeschrieben werden:

»Jedes Kind besteht aus Mutter und Vater und wird eine neue Mischung aus beiden. Du bist der beste Beweis, dass es deine Mutter und deinen Vater irgendwo auf der Welt gegeben hat oder noch gibt, denn sonst gäbe es dich nicht. Du hast jede Menge gute Fähigkeiten von ihnen mitbekommen. Sonst könntest du nicht so gut singen, sprechen, malen, tanzen. Vielleicht hast du deine schönen Haare von deiner Mama und deine viele Energie, die in dir steckt, von deinem Papa – oder umgekehrt.«

Adoptiveltern, die mit ihren Kinder beten, können die Herkunftsfamilie ins Abendgebet mit einschließen und geben ihr so einen selbstverständlichen Platz im Leben des Kindes.

Kinder, die ihre Wurzeln nicht kennen, brauchen die gefühlsmäßige Legitimation, ihre leiblichen Eltern und ihr Heimatland als selbstverständliche Bestandteile ihres Lebens zu verinnerlichen. Biografiearbeit mit diesen Kindern und Jugendlichen bedeutet oftmals nicht das lückenlose Zusammentragen von Daten und Fakten. Es geht vielmehr darum, für das Kind Bausteine seiner selbst anhand von allgemeinem Grundwissen nachzubilden. Dennoch erfüllen die bleibenden Informationslücken viele Heranwachsende mit immer wiederkehrender Ohnmacht und Trauer. Es bleibt für diese Menschen oft ein lebenslanger Prozess, mit ihren schweren Startbedingungen, leben zu lernen.

Literaturverzeichnis

Fahlberg, Vera: *Fitting the Pieces Together.* British Agencies for Adoption and Fostering, London 1988

Jewett, Claudia: *Helping Children Cope with Seperation and Loss.* British Agencies for Adoption and Fostering, Batsford 1984

Jewett, Claudia: *Adopting the Older Child.* Harvard Common Press, USA 1978

Northern Ireland Foster Care Association: *Life Books for Children in Care*, NIFCA 1984

National Foster Care Association: *My Book about Me*, NFCA 1990

Oaklander, Violet: *Gestalttherapie mit Kindern und Jugendlichen.* Klett-Cotta, Stuttgart 1981

AutorInnen

Tony Ryan, geb. 1940, ist Diplom-Sozialarbeiter. Er war Leiter der Abteilung für Adoption und Pflegschaften bei der Stadtverwaltung von Leeds und ist dies stellvertretend seit 1994 bei der katholischen Kirche von Leeds.
Rodger Walker, geb. 1947, ist Diplom-Sozialarabeiter. Er leitete Schulungskurse für Führungskräfte bei der Stadtverwaltung von Leeds – seit 1995 dort Leiter der Fortbildung von Sozialarbeitern.

Ann Atwell ist eine Sozialarbeiterin, die neue Familien für Kinder sucht, sie arbeitet beim Sozialdienst der Region Dumfries und Galloway.
Maureen Hitcham ist Sozialarbeiterin auf einer Kinderkrebsstation im Royal Victoria Krankenhaus in Newcastle.
Jean Lovie ist eine Beamtin, die für die Entwicklung von Hilfeleistungen bei HIV-Aids-Betroffenen zuständig ist, Stadtverwaltung Newcastle.
Gerrilyn Smith ist Psychologin und Leiterin eines Kinderheimes. Sie war leitende Psychologin in einem Team für sexuell missbrauchte Kinder in einem Krankenhaus und ist Dozentin für das Weiterbildungsprogramm des Gesundheitsministeriums über den sexuellen Missbrauch von Kindern.

Birgit Lattschar, geb. 1968, ist Erzieherin, Heilpädagogin und Diplom-Pädagogin. Sie arbeitete mehrere Jahre in einem heilpädagogischen Kinderheim und ist jetzt in der Erwachsenenbildung tätig.
Irmela Wiemann, geb. 1942, ist Diplom-Psychologin, Psychotherapeutin und Familientherapeutin. Zahlreiche Fortbildungsveranstaltungen für Landesjugendämter sowie Adoptions- und Pflegekindervermittlungsdienste. Mehrere Bücher zum Thema Pflege- und Adoptivkinder.